Una Vida de Bendiciones

Una Vida de Bendiciones

Textos sobre espiritualidad
por
Swami Ramakrishnananda Puri

Mata Amritanandamayi Center, San Ramon
California, Estados Unidos

Una Vida de Bendiciones
Textos sobre espiritualidad por Swami Ramakrishnananda Puri

Publicado por:
Mata Amritanandamayi Center
P.O. Box 613
San Ramon, CA 94583
Estados Unidos

——————— *The Blessed Life (Spanish)* ———————

Primera edición por MA Center: septiembre de 2016

En España: www.amma-spain.org
        fundación@amma-spain.org

En la India:
        inform@amritapuri.org
        www.amritapuri.org

Dedicatoria

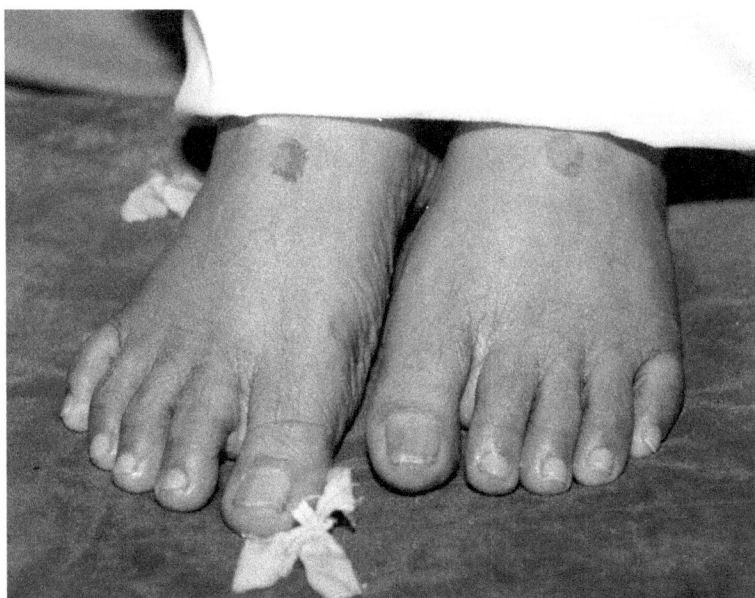

Ofrezco humildemente este libro
a los pies de loto de mi amada Satguru,
Sri Mata Amritanandamayi Devi

Durlabhaṁ trayam ev'aitat daiv'ānugraha-hetukam;
manuṣyatvaṁ mumukṣutvaṁ mahā-puruṣa-saṁśrayah.

*Hay tres cosas difíciles de obtener: un nacimiento
humano, el anhelo de la liberación y la compañía de
grandes almas. Son el resultado de la gracia divina.*

—Viveka Chudamani (I.3)

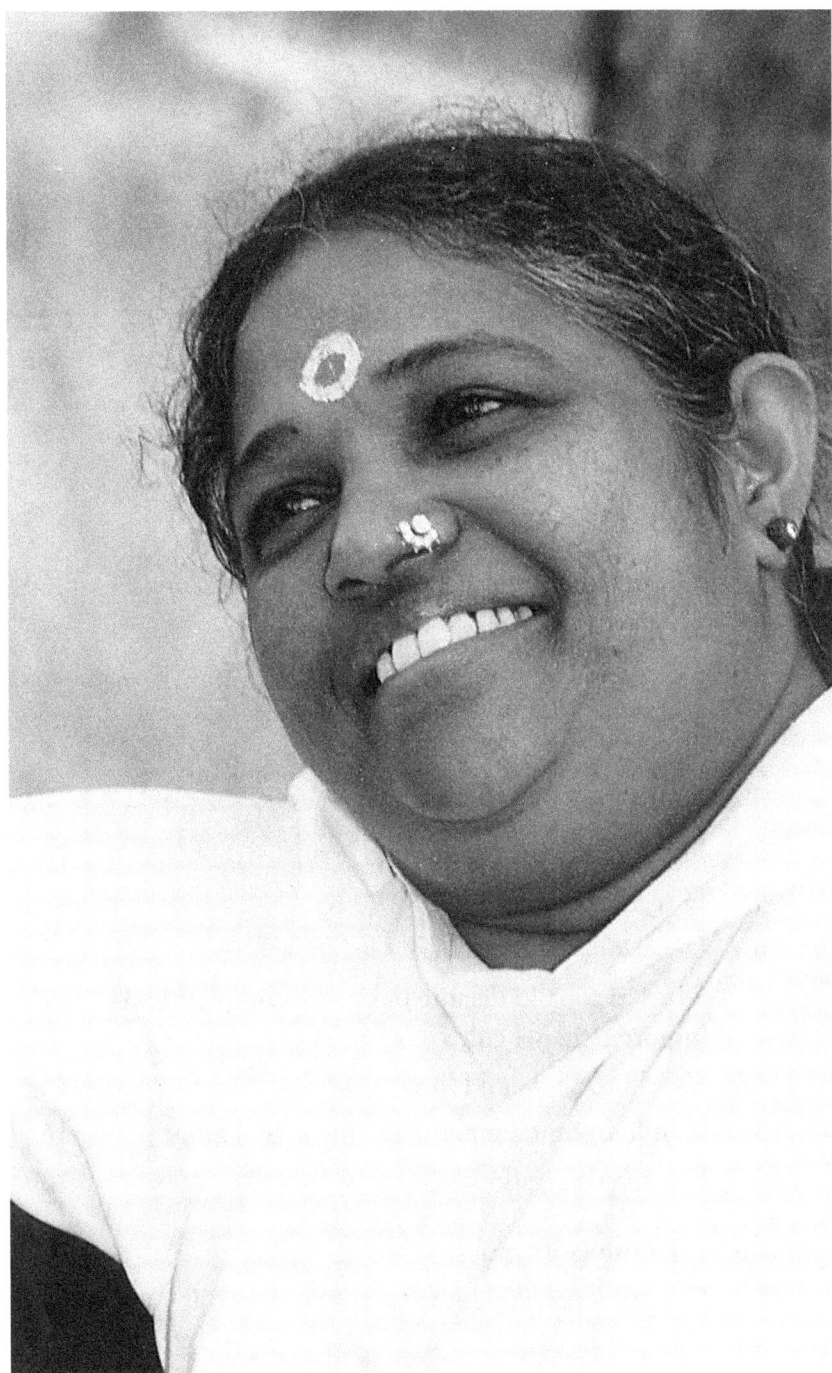

Índice

Introducción

A los 22 años, yo trabajaba en un banco del sur de Kerala y no tenía un interés especial por la espiritualidad. Me había criado en una familia brahmín tradicional, pero nunca había pensado demasiado en la religión o la espiritualidad. Un día, un cliente entró en el banco y empezó a hablarme de una joven santa a la que llamaban "Amma" que vivía en un pueblo de pescadores no lejos de allí. Una noche, después del trabajo, se me antojó ir a verla. Quería que me trasladaran a un banco en mi pueblo, y pensé que si de verdad era una santa, su bendición podría ayudarme a alcanzar mi objetivo.

Amma estaba sentada en el interior de un templo diminuto. Asombrado, vi que su manera de bendecir a la gente era dar un abrazo a cada persona, una por una. Cuando me llegó el turno, hice lo mismo que los demás: me arrodillé ante ella y apoyé la cabeza en su regazo. Y entonces, cuando ella me abrazó, me eché a llorar espontáneamente. No había llorado desde que iba al colegio, pero en los brazos de Amma mis mejillas se llenaron de lágrimas. No tenía ni idea de lo que me estaba pasando. Pensé: "No ocurre nada malo en mi vida, no me siento triste en absoluto, ¿por qué lloro entonces?" Sentí como si mi corazón se hubiera abierto completamente: me sentía totalmente vulnerable y, al mismo tiempo, absolutamente a salvo. Experimenté una maravillosa ligereza del ser. Aunque había venido con la intención de pedirle a Amma una bendición, me di cuenta de que no podía pronunciar palabra.

Aquella noche ocurrió algo más que me causó una impresión aún más profunda. El *darshan*[1] estaba a punto de acabar y llamaron a una última persona. Un leproso llamado Dattan entró

---

[1] La palabra "darshan" significa literalmente "ver". Se utiliza tradicionalmente para referirse al encuentro con una persona santa, ver una imagen de Dios o

en el templo y se acercó a Amma. Sufría un tipo de lepra que le producía úlceras en muchas partes del cuerpo, que supuraban sangre y pus. Un fuerte hedor emanaba de sus heridas. Casi todos los presentes en el templo parecían horrorizados y asqueados. Se tapaban la nariz con el borde de la ropa. Algunos, temiendo que la enfermedad de Dattan fuera contagiosa, salieron corriendo del templo. Yo estaba pensando en hacer lo mismo, pero algo hizo que me quedara. Lo que presencié entonces es algo que no hubiera podido imaginar nunca.

Sin dar muestras del menor titubeo y con una expresión de resplandeciente compasión, Amma hizo que Dattan, que estaba arrodillado frente a ella, colocara la cabeza en su regazo y empezó a examinar sus llagas. Me quedé atónito cuando vi que Amma succionaba el pus de algunas úlceras y lo escupía en una vasija. En otras llagas, las lamía y dejaba su saliva[2]. Al ver esto, mi cabeza empezó a dar vueltas y pensé que me iba a desmayar. Algunos de los que estaban cerca cerraron los ojos, incapaces de presenciarlo. Amma tardó casi diez minutos en terminar la tarea. Luego le puso ceniza sagrada en el cuerpo.

Pensé: "¿Estoy soñando o todo esto está sucediendo de verdad?" Sentía que allí había un ser que superaba incluso a Dios en amor y compasión. Una madre dudaría de hacer algo así por su propio hijo, ¡pero aquí había alguien que se lo había hecho a un leproso pordiosero!

Instintivamente sentí que el leproso estaba más seguro con Amma que en cualquier otra parte del mundo. En aquel momento, decidí que, pasara lo que pasase, yo estaría siempre con Amma; no la dejaría nunca.

---

tener una visión divina. En este libro, darshan se refiere al abrazo maternal de Amma, que también es una bendición.

[2] Se dice que la saliva de un verdadero maestro tiene propiedades curativas. De hecho, a los pocos años las úlceras de Dattan se cerraron, y hoy sigue visitando el ashram; con algunas cicatrices, pero ya no sufre la terrible enfermedad.

En la siguiente visita a Amma, me dijo que me sentara cerca de ella y meditara. Le dije que no había meditado en la vida. Sonrió y dijo: "No importa. Siéntate aquí y cierra los ojos". Hice simplemente lo que ella me había dicho. Cerré los ojos y pronto experimenté una paz profunda e inefable. Después de lo que me parecieron unos pocos minutos, ¡abrí los ojos y descubrí que había estado allí sentado tres horas! Creí que se me había estropeado el reloj y pregunté la hora a otra persona. Realmente habían pasado tres horas. Incluso después, sentía una profunda sensación de alegría y contento.

Al día siguiente, todavía sentía aquella maravillosa sensación de levedad. Fui al banco, pero no podía concentrarme en el trabajo. Estaba totalmente desapegado de todo. Tardé casi una semana en sentir que volvía a ser más o menos el mismo. Y sin embargo, no podía olvidarme de Amma y del inexplicable regalo que me había hecho, simplemente por ser quien era.

La tercera vez que fui a ver a Amma, me dio una pequeña estampa de Madurai Meenakshi, la forma de la Madre Divina que preside un famoso templo de Madurai, donde yo había nacido. Siempre había adorado aquella diosa en particular, pero ¿cómo lo sabía Amma?

Después de estas primeras experiencias, me preguntaba a menudo: "¿Quién es Amma exactamente?" A veces, incluso, se lo preguntaba directamente. Ella nunca respondía a esta pregunta, se limitaba a sonreír. Un día, mientras meditaba en la forma de Meenakshi Devi, vi de pronto con mi ojo interior cómo Amma caminaba hacia la forma de la Diosa y se fusionaba en ella. Entonces me di cuenta de que aquella era la respuesta a mi pregunta: Amma no era otra que la misma Madre Divina. Creo firmemente en ello.

Antes de conocer a Amma, mis mayores preocupaciones eran que la cama de la habitación que había alquilado no era lo bastante cómoda, y la comida era poco sabrosa. No dejaba de añorar la comida de mi madre y mi cómoda cama en casa de mi familia. De pronto, estando con Amma, me encontré durmiendo todas las noches en la arena. La poca comida que había era bien sencilla. No obstante, me sentía totalmente satisfecho.

Amma me mostró que lo que realmente importa en la vida no son las comodidades físicas o la felicidad pasajera que se obtiene de los placeres materiales y las relaciones mundanas, sino la realización del Atman, la luz de la Conciencia que impregna, sustenta e ilumina todo el universo, y es el Ser Verdadero en todos los seres.

Los que sentimos cierta inclinación religiosa aceptamos que tenemos un alma, pero solemos considerarla un ser finito y separado, con casi tantas limitaciones como nuestro cuerpo físico. Sin embargo, el Sanatana Dharma[3] nos dice que sólo hay un Alma, presente en todos los seres. Esta Alma, puede ser bien explicada como la conciencia, el "Ser", sin ninguna condición o circunstancia impuestas. Si miramos profundamente en nuestro interior, al final descubriremos que este "Ser" es lo único permanente en un mundo transitorio, que está presente en todo, y que experimentarlo en su estado puro es quedar absorto en un gozo supremo y eterno.

Un día, alguien preguntó al Mullah Nasrudin: - "¿Qué tiene más valor para la humanidad, el sol o la luna?"

-"La luna, por supuesto", -respondió el Mullah sin dudarlo un momento-. "Necesitamos más luz de noche".

Igual que el Mullah no se dio cuenta de que la luna brilla sólo gracias a la luz del sol, nosotros olvidamos que toda la belleza y encanto del mundo procede de la luz del Atman. Si queremos seguir la vida de bendiciones que nos ofrece Amma, tenemos que aprender a centrarnos más en nuestro Verdadero Ser. Eso

---

[3] Sanatana Dharma es el nombre original del Hinduismo. Significa "el modo eterno de vida".

no significa que renunciemos a disfrutar de lo que el mundo nos ofrece, pero tampoco podemos seguir ignorando totalmente su fuente. Amma pone el ejemplo de ir a comer al campo. Aunque nos sentimos relajados en plena naturaleza, disfrutando del paisaje, los sonidos y la deliciosa comida que hemos llevado, nunca nos olvidamos de nuestro hogar y de que tendremos que volver pronto. De igual modo, no deberíamos olvidarnos de nuestro Verdadero Ser, el Atman, y del hecho de que sólo Eso permanecerá con nosotros para siempre.

Las bendiciones de Amma están siempre a nuestra disposición. Recibirlas o no depende de nuestra receptividad. Si colocamos un cubo boca abajo, no se llenará aunque caiga una lluvia torrencial. Una habitación seguirá oscura en los días más luminosos del verano, si no nos molestamos en abrir las ventanas. Del mismo modo, para volvernos receptivos tenemos que hacer algunos cambios en nuestro modo de vida. En este libro trataremos de explorar las acciones y actitudes que podemos adoptar para purificarnos y permitir que la gracia de Amma fluya en nosotros, haciendo que nuestra vida sea verdaderamente una vida de bendiciones. ❖

Swami Ramakrishnananda Puri
Amritapuri
27 de septiembre de 2005

La vida de Amma, con sus propias palabras

"Mientras tenga suficiente fuerza en estas manos para tenderlas a los que se acercan, para colocar una mano sobre los hombros de los que lloran, Amma continuará haciéndolo… El deseo de Amma es acariciar amorosamente, consolar y enjugar las lágrimas de los demás hasta el final de este cuerpo mortal".

—Amma

Nacida en una remota aldea costera de Kerala, al sur de la India, Amma dice que siempre supo que había una realidad más elevada, más allá de este mundo mutable de nombres y formas. Incluso de niña, Amma ya expresaba amor y compasión por todos. Amma dice: "Una inquebrantable corriente de amor fluye desde Amma hacia todos los seres del universo. Esta es la naturaleza innata de Amma".

De sus primeros años, Amma recuerda: "Desde su infancia, Amma se preguntaba por qué la gente tenía que sufrir. ¿Por qué tenían que ser pobres? ¿Por qué debían pasar hambre? Por ejemplo, en la zona en la que Amma creció, la gente se dedica a la pesca. Algunos días salen a pescar pero no cogen nada. Y, por tanto, se quedan sin comer; a veces varios días. Amma se hizo muy amiga de estos aldeanos y tuvo muchas oportunidades de aprender sobre la naturaleza del mundo observando su modo de vida y sus dificultades.

"Amma solía hacer todas las tareas domésticas, una de las cuales era alimentar a las vacas y cabras del establo familiar. Para conseguirlo tenía que ir a unas 30 ó 40 casas del vecindario para recoger peladuras de tapioca y otras sobras. Cada vez que visitaba estas casas, veía que la gente sufría, ya fuera por su avanzada edad, por la pobreza u por enfermedades. Amma se sentaba con ellos, escuchaba sus problemas, compartía su sufrimiento y rezaba. "Siempre que tenía tiempo, Amma los llevaba a casa de sus padres. Allí los bañaba con agua caliente, les daba de comer, y a veces hasta cogía cosas de su propia casa y se las daba a estas familias hambrientas.

"Amma observó que cuando los hijos son jóvenes, dependen de sus padres, así que rezan para que éstos vivan mucho tiempo y no caigan enfermos. Pero cuando estos mismos hijos crecen, consideran que sus padres, ahora ya viejos, son una carga. Piensan: "¿Por qué tengo que hacer todo este esfuerzo por mis padres?" Alimentarlos, lavarles la ropa y cuidarlos se convierte en una carga para esos mismos hijos que antes rezaban para que sus padres vivieran mucho tiempo. Amma siempre se preguntaba: '¿Por qué hay tantas contradicciones en este mundo? ¿Por qué no hay auténtico amor? ¿Cuál es la verdadera causa de todo este sufrimiento y cuál es la solución?'

"Ya desde una temprana edad, Amma sabía que Dios —el Ser, el Poder Supremo— es la única verdad y que el mundo no es la realidad absoluta. Por tanto, se pasaba largos periodos de tiempo inmersa en profunda meditación. Sus padres y familiares no entendían lo que estaba pasando. Debido a su ignorancia, empezaron a reprenderla y a oponerse a sus prácticas espirituales".

Pero Amma estaba inmersa en su propio mundo y no le afectaban las críticas ni los castigos de su familia. Durante esa época, Amma tuvo que pasar días y noches a la intemperie, bajo las estrellas, sin comida ni cobijo. En esa época, fueron los animales y las aves quienes cuidaron de ella, ofreciéndole comida y despertándola de sus profundos estados meditativos.

Amma dice: "Durante la meditación y a lo largo del día, Amma se preguntaba por el origen de todo el sufrimiento y dolor que veía a su alrededor. En cierto momento, sintió que el sufrimiento de la humanidad se debía al *karma* de las personas, al fruto de sus acciones pasadas. Pero Amma no se dio por satisfecha con eso y profundizó más. Entonces surgió interiormente la respuesta: 'Si su *karma* es sufrir, ¿no es acaso tu *dharma*[4] ayudarlos? Si alguien se cae en un profundo pozo, ¿vamos a seguir adelante diciéndonos: 'Oh, es su *karma* sufrir de este modo'? Eso no sería lo correcto, ya que nuestro deber es ayudarlos a salir.

Al experimentar su unidad con todo lo creado, Amma se percató de que el propósito de su vida era elevar a la humanidad sufriente. En ese momento dio comienzo la misión espiritual de Amma, difundiendo este mensaje de Verdad, amor y compasión por todo el mundo al recibir a todos los que se le acercaban".

Actualmente, Amma dedica la mayor parte del año a viajar por toda la India y el mundo con el fin de elevar a la humanidad con sus palabras y el consuelo de su amoroso abrazo.

Su ashram es el hogar de 3.000 personas, y es visitado por otras miles de personas, procedentes de todas las partes de la India y del mundo. Tanto los residentes como los visitantes del ashram se sienten inspirados por el ejemplo de Amma y se dedican a servir al mundo. Gracias a la amplia red de proyectos caritativos de Amma, participan en la construcción de viviendas para los que carecen de hogar, entregan pensiones a los desvalidos y facilitan cuidados médicos a los enfermos. Innumerables personas de todo el mundo están contribuyendo a este amoroso esfuerzo. Recientemente, Amma ha recibido el aplauso internacional por

---

[4] En sánscrito, *dharma* significa "lo que sostiene (la Creación)". Se ha utilizado para referirse a diferentes cosas en diferentes momentos, o más exactamente a diferentes aspectos de lo mismo. Aquí, la traducción más directa sería "deber". Otros significados serían: rectitud, armonía.

dedicar más de 23 millones de dólares a las tareas de socorro y rehabilitación para las víctimas del tsunami en la India, Sri Lanka y las islas Andaman y Nicobar.

"Al final – dice Amma – el amor es la única medicina que puede curar las heridas del mundo. En este universo, es el amor el que todo lo vincula. Cuando surge esta conciencia en nuestro interior, desaparecen todas las disonancias y sólo reina una paz perdurable". ❖

Parte 1

Recuento de nuestras bendiciones

"El nacimiento humano es precioso. Es un regalo de Dios".

—*Amma*

Capítulo 1

La bendición de una vida humana

Aunque Dios está presente en todos los seres, en cada objeto y en los espacios intermedios, sólo los seres humanos tenemos la capacidad de realizar nuestra unidad innata con esta Conciencia Suprema que está presente en toda la creación. Alcanzar esta realización es, de hecho, el propósito mismo de la vida. Si no hacemos uso de nuestra vida para esforzarnos en alcanzar esta meta, nos encontraremos cada vez más hundidos en el cieno de los apegos y su correspondiente sufrimiento. Si no prestamos atención a nuestros pensamientos, palabras y acciones, podemos volver a nacer adoptando incluso una forma de vida más baja.

Se dice que antes de alcanzar una vida humana, un alma tiene que evolucionar a través de millones de formas de vida más bajas: desde una brizna de hierba a un árbol, de un gusano al ave que se lo come, y tantas otras formas de vida de distintas formas y tamaños. En la tradición budista, se cuenta la historia de un pájaro que sostenía una cinta de seda en el pico. El pájaro volaba sobre la cima de una montaña una vez al año, y cada vez rozaba ligeramente la cima con la cinta de seda. La historia explica que el tiempo que tardará el pájaro en erosionar totalmente la montaña con su cinta es comparable al espacio de tiempo que tardará un alma en evolucionar hasta el estado de ser humano. A través de esta comparación podemos entender lo precioso que es un nacimiento humano.

La vida humana es una bendición, pero si no hacemos un uso correcto de ella puede convertirse en una maldición. Todos hemos oído decir a alguien en un momento de desesperación: "Me gustaría estar muerto". Pero supongamos que nos acercamos a esa persona desesperada y le ofrecemos un millón de dólares por sus manos. Es posible que esté de acuerdo en donar un riñón, pero nunca sus manos. Tampoco aceptará entregar sus piernas, sus ojos, su cabeza ni su corazón, y así podríamos seguir. Hace poco leí en una revista que si quisiéramos realizar mecánicamente todas las funciones de un hígado humano, necesitaríamos no sólo una máquina sino toda una factoría que costaría millones de dólares. Calculando de este modo, nos damos cuenta de que Dios ha hecho una gran inversión en nosotros. Amma dice que un cuerpo humano normal es algo inestimable, y mucho más las cualidades humanas que lo acompañan. Por desgracia, la mayoría de nosotros no tenemos ni la más ligera idea de cómo hacer uso de este precioso regalo de una vida humana. Antes de conocer a Amma, pensaba de forma parecida; no tenía ni idea de para qué servía realmente la vida, ni cómo tenía que vivirla.

Cuando adquirimos un nuevo electrodoméstico, siempre encontramos dentro de la caja un manual de instrucciones con toda la información necesaria para saber utilizar de modo eficiente y seguro el aparato: cómo sacarle el mejor partido.

Sin embargo, hay una adquisición para la que no tenemos manual de instrucciones. Cuando nacimos no nos dieron un manual sobre nuestro cuerpo, ni una guía del usuario para vivir felices y en paz a fin de realizar el propósito de haber nacido en este mundo.

Si existiera un manual de ese tipo, ¿acaso no querríamos verlo? ¿Acaso no querríamos revisarlo a fondo todos los días? En realidad, ese manual para un nacimiento humano ya existe. La vida y las enseñanzas de un *Satguru* (Auténtico Maestro) como Amma son la guía más clara y mejor para vivir, desarrollando totalmente nuestro potencial y en plena armonía con toda la creación.

El ser humano no ha sido creado para vivir simplemente como cualquier otro animal, ocupado en comer, dormir, procrear y sobrevivir. El propósito del nacimiento humano y del cuerpo humano es ascender a las alturas de la Auto-Realización, es decir, el conocimiento de que nuestra verdadera naturaleza no es otra que la Conciencia Suprema. Naturalmente, habrá dificultades y obstáculos, cuanto mayor es la meta, más grande es la dificultad. Por ejemplo, el lanzamiento de un cohete al espacio supone un gran desafío, constituye todo un reto. El cohete tendrá que salir de la gravedad terrestre, resistir el tremendo calor de la atmósfera exterior y mantenerse en la órbita prevista. Si algo va mal, la tripulación que viaja en él puede perder la vida, pero aún así lo arriesgan todo para conseguir la meta. Si el cohete espacial se quedara en tierra, no correría ningún peligro. Pero, ¿no es su finalidad explorar el espacio? ¿Qué sentido tendría si nunca abandonara la tierra?

Del mismo modo, si un ser humano vive simplemente como un animal, centrando su interés en comer y dormir, no arriesgará mucho, pero tampoco es muy probable que consiga grandes cosas. Nadie va a obligarnos a seguir el camino espiritual; depende de cada uno de nosotros decidir qué queremos hacer con nuestra vida. Cuando leemos un manual de instrucciones de un determinado aparato, nos sentimos inspirados para intentar hacerlo funcionar del modo más eficaz posible. Asimismo, cuando estudiamos sinceramente la vida y las enseñanzas de los Maestros, al leer las Escrituras y al poner en práctica los principios espirituales en nuestra propia vida, desearemos obtener sin duda el mejor partido de esta rara y preciosa bendición que es la vida humana. ❖

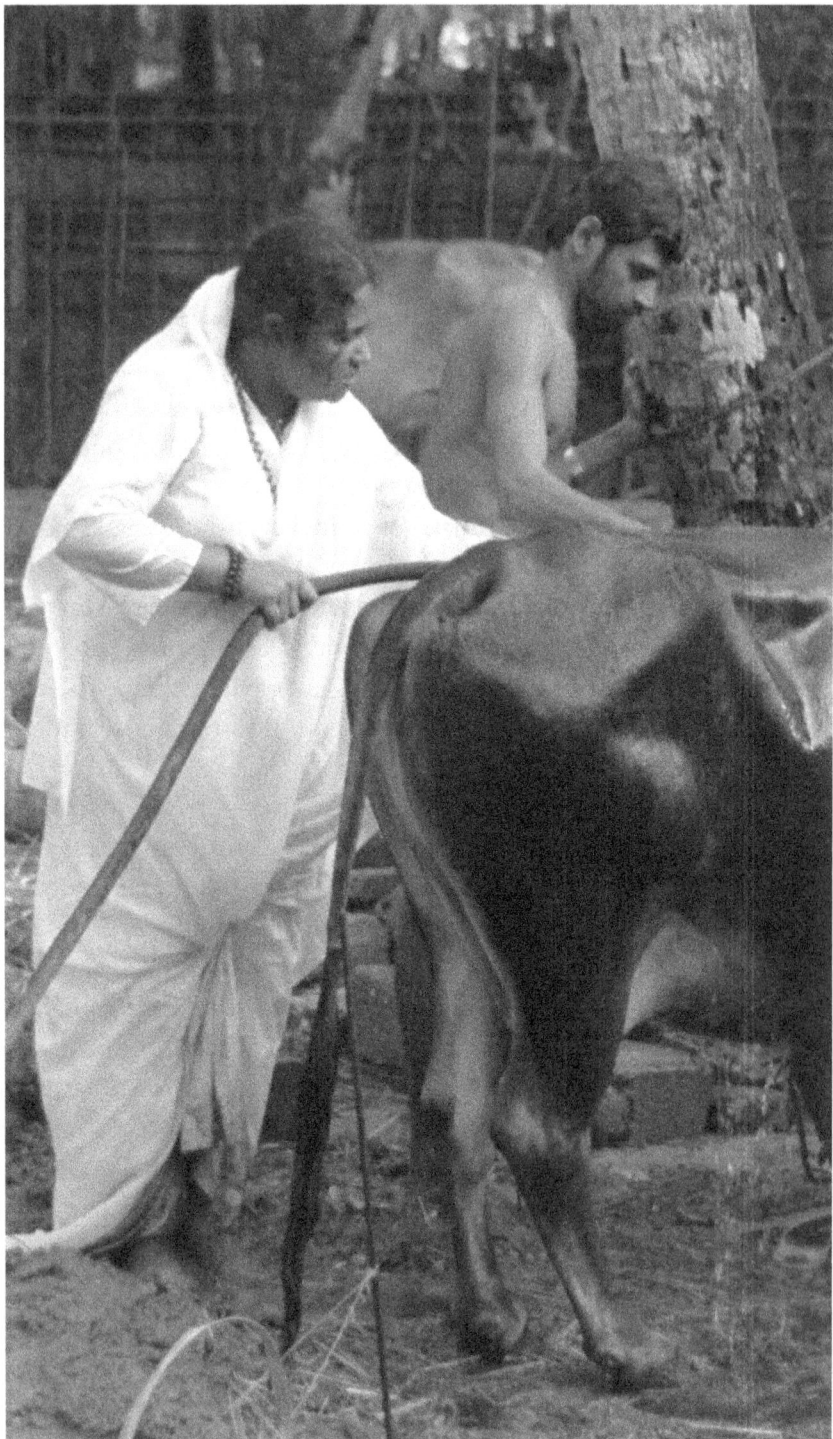

Capítulo 2

Saber lo que no sabemos

Una persona entra en la habitación de un psiquiátrico y ve a dos hombres sentados delante de un escritorio. Ambos van bien vestidos, tienen buen aspecto y parecen totalmente normales. Impresionado por su apariencia, el visitante se acerca a uno de ellos y le dice: -Perdone, señor, ¿podría decirme por qué está este caballero en el hospital? Parece de lo más normal.

El primer hombre le responde: -Oh, está completamente chalado. Se cree Jesucristo.

Sorprendido, el visitante le pregunta: -¿Y cómo sabe que no lo es?

Y éste le responde: -Porque yo soy Dios, y ni siquiera lo conozco.

Esta respuesta parece absurda, pero lo que el hombre dijo es cierto: "Yo soy Dios, y ni siquiera lo conozco". De hecho, todos nosotros somos Dios, pero no somos conscientes de ello. Aunque lo sepamos a un nivel intelectual, no forma parte de nuestra experiencia.

Todos los grandes maestros han tratado de guiarnos hasta la realización de esta misma verdad. Jesucristo dijo: "Ama a tu prójimo como a ti mismo". Alá dijo: "Si el asno de tu enemigo cae enfermo, cuídalo como si fuera tuyo". Amma pone aún mayor énfasis: "No eres diferente de mí. Yo soy tú, y tú eres yo".

Podemos dudar de la veracidad de las palabras de Amma, pero no cabe duda de que, más que una creencia, se trata de la experiencia personal de Amma.

Si Amma no sintiera nuestro sufrimiento y dolor como el suyo propio, si no considerara nuestros problemas como los suyos, ¿acaso le sería posible dedicar tanto tiempo –día tras día, mes tras mes, año tras año– a llevar el mundo a sus espaldas? Hemos oído a menudo que Amma ha dado *darshan* a 24 millones de personas en los últimos treinta años. Pero, ¿hemos pensado alguna vez lo que significa eso realmente? Cuando la doctora Jane Goodall presentó a Amma, durante la entrega del premio Gandhi King a la No-violencia del año 2002, describió a Amma diciendo que había dado *darshan* a 21 millones de personas. Luego hizo una pausa y dijo al público: "Piénsenlo un momento: *21 millones de personas*". El público efectivamente lo pensó un momento, e instantáneamente irrumpió en un clamoroso aplauso. Cuando realmente tomamos un poco de distancia y observamos la vida de Amma, tal y como la ha vivido, vemos claramente que Amma es el ejemplo perfecto de la verdad más elevada expuesta en las Escrituras: yo soy tú y tú eres yo.

Amma sabe que la enseñanza teórica a través de las palabras no basta para producir un cambio en el mundo. Por eso, ella habla unos 30 ó 45 minutos, y después da *darshan* entre 6 y 24 horas. De este modo nos muestra cómo ver a Dios en todos los seres y todas cosas.

Sin este ejemplo ante nosotros, tenderíamos a obedecer los dictados de nuestra mente, que están regidos tan sólo por nuestros gustos y aversiones egoístas. El radiante ejemplo de los sabios de la antigüedad ha estado siempre disponible, y Amma está disponible para nosotros, aquí y ahora. Si no hacemos el esfuerzo necesario para aprender de Amma a usar este nacimiento humano adecuadamente y conseguir el objetivo de la vida, no tiene sentido que nos quejemos a nuestro fabricante –Dios– por los problemas que creamos nosotros mismos.

El filósofo griego Epícteto escribió: "Es imposible que alguien empiece a aprender aquello que cree que ya sabe". A fin de aprovechar la oportunidad de aprender de un maestro verdadero, debemos estar dispuestos a admitir que, en este momento, no sabemos nada sobre cómo vivir de modo inteligente o, al menos, que hay cosas que no sabemos.

Durante una de las últimas giras de Amma por Europa, un grupo de jóvenes de aspecto duro entró en la sala del *darshan*. Empezaron a alborotar y a hacer ruido, y algunas personas se quejaron a los organizadores sobre este comportamiento irrespetuoso. Parecían estar borrachos, o incluso drogados, y todos los miraban con suspicacia. Al cabo de un rato, los organizadores se dieron cuenta de que uno de ellos había perdido el conocimiento. Inmediatamente, todo el mundo dio por supuesto que se debía a una intoxicación etílica o a una sobredosis. Tras llamar a una ambulancia, informaron a Amma de la situación diciéndole que parecía estar borracho. Amma dijo que le trajeran al joven inmediatamente.

Amma lo miró y le puso un chocolate en la boca, y después pidió que lo dejaran descansar tendido en alguna parte. Los devotos observaban inquietos cómo manejaba la situación. Yo también estaba bastante preocupado. Le dije a Amma: -Dar dulces a una persona intoxicada solo agravará su estado.

Como de costumbre, Amma me dio a cambio un buen consejo espiritual: "Mantente en silencio".

A los pocos minutos, llegaron los paramédicos y comprobaron el estado del paciente. A diferencia de lo que todos esperaban, el único problema del muchacho era que tenía su nivel de azúcar en la sangre peligrosamente bajo. Los paramédicos dijeron que Amma había hecho exactamente lo correcto: darle una dosis de azúcar. En la siguiente visita de Amma a esa ciudad, el joven trajo a muchos de sus amigos a verla. La primera vez había acudido para divertirse, pero ahora venía realmente en busca de la gracia de Amma.

Por supuesto, la naturaleza humana nos hace creer que siempre tenemos razón. Tenemos muchas ideas preconcebidas y falsas nociones sobre nosotros mismos y los demás, sobre lo que es mejor para nuestra vida y la de los demás. Aunque se pruebe que esas ideas preconcebidas son completamente erróneas, estamos poco dispuestos a desecharlas. Esto me recuerda una historia que me contaron de un hombre que se encontró con un viejo amigo andando por la calle. Observó a la persona que iba delante de él y, aunque apenas lo reconocía, estaba seguro que era su viejo amigo. Corrió hacia él, le dio una palmada en la espalda mientras gritaba: -Hombre, José ¿cómo estás, viejo amigo? Hace siglos que no te veía. Si casi no te he reconocido. Has engordado como quince kilos. Además parece que hubieras crecido sesenta centímetros. Veo que te has hecho la cirugía plástica en la nariz. ¡Hasta te has teñido el pelo! ¡Esto es increíble!

El extraño, totalmente desconcertado, contestó: -Perdone, pero yo no me llamo José.

Atónito, el otro le dijo: -¡Dios mío, hasta te has cambiado de nombre!

De igual forma, por muy obvia que sea la evidencia que se nos presente, siempre nos las arreglamos para manipularla mentalmente y forzarla para que se ajuste a nuestra concepción previa, de modo que no tengamos que modificar nuestro pensamiento o nuestros patrones de conducta. Aunque las palabras y la guía de Amma sean el mejor medio para despertarnos y eliminar la ignorancia, nuestra mente tratará de ignorar los hechos y encontrará el modo de justificar nuestras propias ideas y opiniones.

Por ejemplo, Amma siempre dice que no nos sintamos tristes dándole vueltas al pasado o ansiosos preocupándonos por el futuro. Al oír este consejo, un estudiante universitario le dijo una vez a Amma: "Desde que nos has dicho que no nos preocupemos por el futuro, he decidido que no voy a estudiar para los exámenes. En cambio, voy a dedicarme a ver películas y a hacer surf".

Evidentemente, esta es una mala interpretación de las enseñanzas de Amma.

Es como la historia del doctor que decidió contarle la verdad a un hombre que estaba a punto de dejar este mundo. "Si quiere conocer su situación, no creo que le quede mucho tiempo. Está usted muy enfermo. Dígame, ¿le gustaría ver a alguien?"

Inclinándose hacia el paciente, el médico le oyó decir débilmente: "Sí".

"¿A quién?", preguntó el médico.

En un tono ligeramente más fuerte, el moribundo dijo: "A otro médico".

Esta es la historia de nuestra relación con Amma. Afortunadamente, Amma nos da incontables oportunidades para aprender y nos ayuda a cambiar nuestra forma de pensar. Incluso ha dicho que está dispuesta a nacer las veces que haga falta por el bien de sus hijos. Por medio de sus enseñanzas y del ejemplo de su vida, Amma elimina nuestras ideas preconcebidas sobre la naturaleza de la realidad, reemplazándolas por una clara visión de la naturaleza del mundo y de nuestro verdadero ser. A partir de esta comprensión, surge en nosotros naturalmente la paz, el amor y cualidades positivas como la paciencia, la amabilidad y la compasión. ❖

Capítulo 3

El mundo mutable, el Ser inmutable

Un día el rey hebreo Salomón decidió dar una lección de humildad a su ministro de mayor confianza. Le dijo: "Benaiah, hay cierto anillo que me gustaría que me trajeras dentro de seis meses".

Benaiah le respondió confiado: "Majestad, si existe en algún lugar de esta tierra, lo encontraré y te lo traeré. Pero, ¿por qué es tan especial ese anillo?"

El rey contestó con semblante serio: "Tiene poderes mágicos. Si lo mira una persona feliz, se entristece, y si lo mira una persona triste, se alegra". El rey Salomón sabía que no existía tal anillo, pero como deseaba darle a su ministro una pequeña cura de humildad, lo enviaba a una misión imposible.

Pasó la primavera y después llegó el verano, y aunque había recorrido el reino a lo largo y a lo ancho, Benaiah no tenía ni idea de dónde podría encontrar el anillo. La noche antes de que se cumpliera el plazo de seis meses, sabiendo que tendría que volver ante el rey derrotado, decidió dar un paseo por uno de los barrios más pobres de Jerusalén. Pasó ante un viejo mercader que estaba colocando su mercancía en una andrajosa alfombra. Como no tenía nada que perder, Benaiah le preguntó: "¿No habrás oído hablar por casualidad de un anillo mágico que hace olvidar la alegría a la persona feliz que lo lleva, y al afligido le hace olvidar su pena?"

El viejo mercader no había oído hablar de ese anillo, pero tomó un anillo de oro corriente de su alfombra y grabó algo en él. Cuando Benaiah leyó las palabras grabadas, una amplia sonrisa iluminó su rostro.

Aquella noche Benaiah fue a ver al rey cuando se encontraba reunido con todos sus ministros. Salomón le preguntó mostrando un aspecto de suficiencia: "Y bien, amigo mío, ¿me has traído lo que te pedí?" Todos los ministros rieron, ansiosos de ver cómo su compañero admitía su bochornosa derrota.

Ante la sorpresa de todos, Benaiah levantó el pequeño anillo de oro y declaró: "¡Aquí está, su majestad!" Nada más leer la inscripción, se desvaneció la sonrisa de Salomón. El mercader había grabado en el anillo la frase: "Esto también pasará". En ese momento, Salomón se dio cuenta de que toda su riqueza, poder e influencia eran en verdad efímeras, y que no podía eludir el hecho de que un día él también quedaría reducido a cenizas.

En el *Dhammapada*, Buda dice:

> *Ni en el cielo,*
> *Ni en medio del océano,*
> *Ni en lo profundo de las montañas,*
> *En ningún lugar*
> *puedes esconderte de tu propia muerte.*

Amma nos dice que recordemos siempre que todo lo que vemos en el mundo, incluido nuestro cuerpo, es mutable y perecedero. Sin embargo, esta conciencia no debe hundirnos en la desesperación. Si la unimos al conocimiento de que nuestro ser verdadero es inmutable, eterno y posee la naturaleza de la dicha suprema, esta conciencia puede ayudarnos a establecer nuestras prioridades y animarnos a perseguir el supremo *dharma* de la realización del Ser. Amma dice que siempre ponemos en primer lugar el cuerpo y en último a Dios, o nuestro Ser, cuando en realidad deberíamos ponerlo en primer lugar. Si aprendemos a otorgar el valor apropiado a nuestro cuerpo y demás objetos – y damos el valor apropiado a nuestro Atman –, podemos utilizar el cuerpo perecedero como vehículo para realizar el Atman imperecedero. Aunque la sombra que proyecta un árbol es perecedera, ésta nos resulta útil, pues nos sirve para resguardarnos del calor del sol. De igual modo, aunque el cuerpo y todos los objetos mundanos sean perecederos, cada uno tiene su utilidad práctica. El problema sólo se plantea cuando damos demasiada importancia a esos objetos o esperamos conseguir de ellos algo que no pueden darnos.

En la historia de la India, encontramos a un rey grande y poderoso llamado Bhartrihari. Como el rey Salomón, Bhartrihari recibió una dura lección sobre lo transitorio. Tras ser coronado rey, Bhartrihari estaba tan enamorado de su esposa, la reina Pingala, que pasaba la mayor parte del tiempo con ella, incluso a costa de sus deberes reales. Cuando uno de sus consejeros intentó hacerle entrar en razón, Bhartrihari lo exilió de la ciudad.

Un día, un ermitaño que pasaba por allí le ofreció al rey una fruta especial. El ermitaño le dijo al rey que quien comía de aquella fruta conseguía la eterna juventud. A causa de su apego obsesivo por Pingala, el rey no se quedó con la fruta, sino que se la ofreció a la reina, pues no podía soportar la idea de que su belleza juvenil se apagara con el paso del tiempo.

La reina aceptó la fruta y prometió comérsela después de su baño. Lo que el rey no sabía era que su esposa estaba enamorada de uno de los mozos de la caballeriza de palacio. Aquella noche, Pingala sacó a escondidas la fruta del palacio y se la dio a su enamorado. Mientras tanto, sin que la reina lo supiera, el mozo había entregado su corazón a una prostituta del pueblo, y él tampoco se comió la fruta sino que se la ofreció a su amada. A pesar de su modo de vida, la prostituta tenía un sentido del *dharma*, y decidió que nadie excepto el rey merecía comerse aquella fruta.

Y así fue como al día siguiente de que el rey hubiera entregado la fruta bendita a su esposa, la prostituta entró en su corte mientras el rey celebraba consejo. Un poco titubeante presentó la fruta al rey, explicándole su poder.

El rey se sintió confundido al ver la misma fruta en manos de la prostituta. Le pidió que le explicara dónde la había conseguido. Ella admitió que se la había dado el mozo de cuadra de palacio. Inmediatamente, el rey llamó al mozo a su corte. Creyendo que podría salvar la vida si era sincero, el mozo de cuadra confesó que la había recibido nada menos que de la propia reina.

La noticia dejó conmocionado al rey Bhartrihari. Pero también fue una bendición, pues ahora podía superar el excesivo apego por su esposa y darse cuenta de que el amor mundano tiene sus limitaciones. De hecho, el rey se sintió tan desapegado de la promesa de felicidad de los objetos mundanos, que renunció a todo su reino con todos sus poderes y placeres, y se retiró al bosque en busca de la paz duradera que otorga el conocimiento del Ser.

Eso no significa que tengamos que esperar un gran impacto en nuestra vida para darnos cuenta de la transitoriedad de todo lo que consideramos propio. Podemos llegar a esta convicción fácilmente al escuchar las palabras de las Escrituras y de los verdaderos Maestros. Si eso no basta, tenemos muchísimas evidencias a nuestro alrededor.

Tras el devastador tsunami de diciembre de 2004, Amma comentó que ese suceso era un aviso, pero que nadie lo escuchó. Pidió a los residentes del ashram y a otras personas que reflexionaran sobre lo que podía aprenderse del tsunami.

"Las situaciones inesperadas como ésta nos enseñan que nada es realmente nuestro" – dijo Amma entonces. Nos aferramos a las cosas y a las personas pensando que son nuestras, pero estas situaciones revelan que nada es nuestro, ni siquiera podemos aferrarnos a nuestra propia vida.

"Cuando vemos un accidente en la carretera, delante mismo de nosotros, eso nos hace estar más alerta. Estas situaciones nos ayudan a generar una conciencia interior. Esa conciencia nos muestra el camino: cómo seguir adelante.

"Nos aferramos a la idea de 'yo' y 'lo mío'. Todo el mundo dice *yo* he hecho esto, *yo* he hecho lo otro, pero ¿de dónde procede este 'yo'? Vemos el sol sólo gracias a la luz del sol. Lo que llamamos propio no es realmente nuestro: lo que Él da, también se lo lleva. Él da y nosotros aceptamos. Y cuando Él lo desea, se lo vuelve a llevar… esa es la actitud con la que deberíamos aceptar las situaciones de la vida".

Las palabras de Amma recuerdan la inspiradora reacción de los habitantes de Gujarat tras el devastador terremoto de 2001 que asoló pueblos enteros. La mayoría de las familias había perdido a uno o más miembros, además de sus viviendas. Cuando Amma los visitó y les preguntó cómo se encontraban, respondieron con una ecuanimidad y aplomo sorprendentes. Le dijeron a Amma: "Estamos bien. Lo que Dios nos dio, Él se lo ha llevado".

Mientras disfrutamos de los objetos del mundo, sentimos una felicidad pasajera. En lugar de permitir que esta alegría pasajera aumente nuestra fe en el mundo, deberíamos recordar que nuestra vida es como un péndulo, y que cuando sentimos alegría, el péndulo está simplemente cobrando impulso para oscilar hacia la tristeza. Amma dice que la verdadera paz y contento solo pueden encontrarse cuando el péndulo permanece quieto, en el centro. No se trata de una ley arbitraria; es el resultado lógico de depender de las condiciones externas para nuestra felicidad. Cuando las condiciones cambien, sentiremos dolor. Aún cuando no cambien las condiciones, la felicidad no va a permanecer. Por ejemplo, puede que estemos disfrutando mucho de una determinada película. Pero supongamos que alguien nos dijera que la película continuará eternamente y que no vamos a poder salir del cine. Nuestra felicidad desaparecería en un instante. Del mismo modo, puede que nos encanten los helados, pero ¿cuántos helados podemos comer sin sentirnos enfermos? Llegará un momento en que no podremos tomar otra cucharada. Eso nos muestra que la felicidad no es inherente a esos objetos y experiencias; que hasta la poca felicidad que podemos conseguir del mundo es efímera. El único camino para hallar la verdadera felicidad es mirar en nuestro interior y encontrar el Ser inmutable.

Las personas corrientes sólo experimentan felicidad a través de un medio determinado, normalmente a través de algún placer sensorial, al escuchar alabanzas o al alcanzar alguna meta. Los *Mahatmas*[5], por otra parte, son capaces de experimentar felicidad sin necesidad de ningún medio. Cuando Amma se veía obligada a vivir a la intemperie, a soportar el tórrido sol o la lluvia torrencial, además de maltratos y hasta atentados contra su vida, se quedaba sentada absorta en su meditación durante horas. ¿Cómo nos encontraríamos nosotros si estuviéramos en una situación similar? No habríamos parado hasta encontrar un bonito hotel, o al menos un amigo con quien poder estar. Nuestra siguiente preocupación sería ir a comer algo, a ser posible con un amigo con el que pudiéramos desahogar nuestras penas y hablar de todas las injusticias que hemos sufrido. Sin embargo, a Amma no le afectaban en absoluto todas esas condiciones. Aunque no tuviera comida ni alojamiento, ni tampoco nadie a quien recurrir

---

[5] Mahatma significa literalmente "gran alma". Aunque ahora el término se usa en un sentido más amplio, en este libro Mahatma se refiere a aquel que reside en el conocimiento de que es uno con el ser universal, o Atman. Todos los Satgurus o maestros verdaderos son Mahatmas, pero no todos los Mahatmas son Satgurus. En muchos casos, el Mahatma no muestra ningún interés por inspirar a otros, prefiriendo dedicar todo su tiempo a permanecer absorto o absorta en la dicha del Ser. El Satguru es aquel que, mientras sigue experimenta la dicha el Ser, elige descender al nivel de la gente corriente para ayudarla a crecer espiritualmente.

como amigo, estaba perfectamente satisfecha. Amma no necesita ningún medio externo para experimentar contento, y sin embargo su contento es muchísimo más profundo que el nuestro.

Tanto si somos conscientes como si no, siempre tenemos fe en la capacidad de alguien o algo para darnos felicidad. Nos refugiamos en algo, esperando que nos acerque a la felicidad. Si no es una cosa, es otra. Amma dice que nuestro "refugio", es simplemente aquello que atrae constantemente nuestra mente hacia donde fluyen nuestros pensamientos. Teniendo en cuenta esta definición, no es difícil descubrir en qué nos refugiamos ahora: en nuestras posesiones, en nuestro trabajo y amigos, en nuestros entretenimientos y emociones. ¿Acaso no estamos pensando en estas cosas todo el tiempo?

Antes de descubrir que el tungsteno era un filamento eficaz para utilizarlo en las bombillas, se cuenta que Thomas Edison hizo más de 2.000 experimentos utilizando materiales que no conseguían transmitir la electricidad y producir luz. Muchos otros científicos ridiculizaron sus esfuerzos diciendo: "Aunque has hecho 2.000 experimentos, no has sido capaz de demostrar nada".

Edison les contestó: "Nada de eso; ¡he demostrado que esos 2.000 materiales no sirven!"

Del mismo modo, no tenemos que sentirnos mal por buscar la felicidad en los objetos mundanos, siempre que aprendamos la lección adecuada. De igual modo que los científicos que siguieron a Edison no necesitaron realizar sus dos mil experimentos, si estamos dispuestos a seguir los pasos de los grandes maestros, tampoco necesitamos buscar la felicidad fuera de nosotros mismos.

Merece la pena mencionar que si bien los objetos mundanos tienen una capacidad limitada para hacernos felices, esos mismos objetos tienen una capacidad ilimitada para hacernos sufrir. Los que buscan la felicidad en el tabaco acaban sufriendo cáncer de pulmón y, tras una prolongada enfermedad, mueren prematuramente. Aquellos cuya felicidad depende de un ser amado pueden llegar a suicidarse cuando esa persona los abandona por otra. Todos quieren vivir en una gran mansión, cuanto más grande mejor, pero cuanto mayor es la casa, más trabajos de mantenimiento y reparaciones habrá que hacer en ella.

En el *Tao Te Ching*, Lao Tzu dice:

Persigue dinero y seguridad
y tu corazón nunca se abrirá.
Procura la aprobación de los demás
y serás su prisionero.

Incluso antes de convertirse en Buda (el que ha despertado), es posible que el joven príncipe Siddartha tuviera una clara visión de la naturaleza de la felicidad mundana. Quizás por eso llamó a su hijo "Rahula", que significa "cadenas" o "esclavitud". Esto puede parecer duro, pero pensemos en nuestra propia experiencia. Podemos considerar el nacimiento de un bebé una fuente inagotable de felicidad, pero ¿qué pasa cuando el niño tiene "los dos terribles años"? Más adelante, cuando sea un adolescente, quizás vaya con malas compañías, se convierta en un bravucón y hasta odie a sus padres. Hay muchos casos de hijos que han renegado de sus padres al alcanzar la mayoría de edad. En estos casos, lo que creímos que sería una fuente de incesante felicidad, se ha convertido en una fuente de incesante dolor.

Eso no significa que no debamos tener hijos o buscar la felicidad en el mundo externo, pero tendríamos que esperar tanto la felicidad como la infelicidad, y prepararnos para aceptar ambas con una mente ecuánime. Recordemos siempre que no tenemos que esperar demasiado de nada ni de nadie, y que sólo Dios estará siempre con nosotros. Dicho de otro modo, es correcto disfrutar de los objetos efímeros del mundo que nos rodea, pero no deberíamos refugiarnos en ellos. En cambio, debemos aprender a refugiarnos en Dios o en el Guru, a dejar que nuestros pensamientos se dirijan hacia ellos. ¿Acaso no tiene más sentido refugiarse sólo en lo que nunca nos abandonará?

Igual que un encantador de serpientes sabe que la naturaleza de la serpiente es morder, nosotros tenemos que aceptar el hecho de que la naturaleza de la gente es cambiar de ideas, actitudes y opiniones. No esperemos nunca que una persona, objeto o situación permanezca igual. Vivir con esta comprensión y actuar en consecuencia es vivir inteligentemente. Amma nos da el ejemplo del cambio de marchas de un automóvil. Cuando ascendemos por una pendiente, no podemos llevar una marcha larga, pues no podremos avanzar. Y cuando conducimos rápido, si no llevamos una marcha larga destrozaremos el motor. De igual modo, cuando afrontamos las diferentes situaciones de la vida, tenemos que saber ajustar adecuadamente la mente para aceptar cualquier cosa que suceda con una actitud ecuánime.

Nadie quiere sentir dolor, ni siquiera fugazmente. No nos basta con eliminar el dolor sin más, sino que también queremos sentir felicidad duradera. Una vez se me acercó un joven y dijo: "No tengo problemas, tampoco pena, pero no me siento contento. Siento que algo falta en mi vida. He intentado hacer muchas cosas, pero no espirituales. Por eso he venido". Este joven no tenía ningún problema que resolver, pero no se sentía completo. Creía, correctamente, que la espiritualidad podría ser la clave para llenar el inexplicable vacío que sentía en su vida.

La felicidad duradera no se puede obtener de algo que no es duradero. Las situaciones y objetos del mundo están cambiando constantemente, y nuestra conciencia suele identificarse y centrarse en esas circunstancias cambiantes. El resultado es que, cada vez que cambian las circunstancias, nos sentimos afectados.

Es parecido a lo que sucede cuando vemos una película. Los diversos incidentes de la película nos afectan emocionalmente, incluso fisiológicamente. En los pueblos de Tamil Nadu hay estrellas de cine que son tan populares que los espectadores se identifican totalmente con sus personajes. Si el protagonista sufre un pequeño rasguño en una escena de lucha, todos lanzan botellas y piedras a la pantalla. Si empieza a llorar durante una escena emotiva, se oyen muchos sollozos en el cine.

El público se identifica tanto con la historia que está dispuesto a suspender por completo su incredulidad para meterse en la acción, aunque lo que se cuente sea totalmente inverosímil. Me han contado que en una película reciente, había una secuencia de acción en la que el héroe y el malvado se tiroteaban hasta que el protagonista se quedaba sin balas. Ante tan repentina ventaja, el malvado apunta y dispara una ráfaga de balas, hiriendo al héroe en el muslo. Por un momento, el público se queda horrorizado. Incluso piensa en quemar la sala. Pero un instante después, el héroe extrae la bala alojada en su muslo, la carga en su revólver, dispara y mata al malvado. El cine estalla en un estruendoso aplauso; a nadie le molesta en absoluto lo absurdo de la escena.

En medio de toda esta conmoción, hay una cosa que participa plenamente de la película pero que al mismo tiempo no se ve afectada. Es la pantalla de cine. Sin la pantalla, la película no podría mostrarse. Aunque no se ve afectada en absoluto, es el sustrato inmutable de todas las escenas mutables.

Igualmente, hay un sustrato inmutable para todas las experiencias por las que pasamos en la vida. Es el Atman o Ser. Este Ser se manifiesta como la conciencia que nos permite percibir tanto el mundo exterior como nuestro propio cuerpo, pensamientos, emociones, deseos y apegos. En realidad no somos esas construcciones mentales cambiantes, sino la conciencia inmutable que hay tras ellas.

En lugar de identificarnos con este Ser inmutable, siempre nos identificamos con las diferentes experiencias, y así nuestra vida se convierte en una montaña rusa de emociones. Por ese motivo muchos de nosotros sufrimos una especie de crisis de identidad. No la crisis de identidad que normalmente creemos, relacionada con nuestra profesión, nuestra personalidad o nuestras relaciones; es algo mucho más profundo. En este sentido, aunque no tengamos síntomas visibles de una crisis de identidad, en realidad todos padecemos diferentes grados de confusión sobre nuestra identidad. Cuanto más nos identificamos con nuestro Verdadero Ser, menos padecemos. Los Mahatmas nunca sufren ninguna crisis de identidad. En un sentido estricto, solo una persona que ha realizado el Ser puede proclamar que conoce su propia identidad. Como dice Amma: "Nunca hubo un momento en el que Amma no supiera quién era".

Cuando Amma era sólo una jovencita, algunos aldeanos, molestos por su extraño e inhabitual comportamiento y celosos de su creciente popularidad, amenazaron con matarla y llegaron a blandir un cuchillo ante ella. A Amma no le afectaron en absoluto sus amenazas. Permaneció de pie frente a ellos y audazmente les dijo: "Podéis matar este cuerpo, pero no podéis tocar al Ser".

Aún hoy, la actitud de Amma ante esas situaciones permanece inalterable. En agosto de 2005, cuando un extraño se acercó a Amma con un cuchillo oculto, aparentemente con la intención de poner fin a su vida, Amma no se inmutó en absoluto. Ni siquiera se levantó del escenario, sino que siguió cantando *bhajans* (canciones devocionales) y más tarde dio el *darshan* de *Devi Bhava*[6], tal como estaba previsto. Aunque los residentes del ashram y los devotos de todo el mundo se sintieron muy inquietos por el incidente, Amma se tomó con calma la situación. Más tarde ese mismo día, respondió a las preguntas de un grupo de periodistas que llega-

---

[6] Amma suele dar un darshan especial en el que aparece con la ropa y el talante de la Madre Divina. En ese momento se identifica por completo con Dios en la forma de la Madre Divina. Anteriormente, también daba darshan en el bhava o talante de Krishna.

ron al ashram nada más conocerse el ataque frustrado. Amma les dijo con una sonrisa despreocupada: "No he sentido ninguna reacción ante este incidente. No temo en absoluto la muerte... lo que tenga que ocurrir ocurrirá cuando llegue el momento. Sólo quiero hacer lo que tenga que hacer. De cualquier modo, todos tenemos que morir algún día. Por lo tanto, es mejor desgastarse trabajando por los demás que oxidarse".

Incluso en medio de innumerables responsabilidades mundanas, Amma siempre mantiene un punto de vista espiritual. En cambio, nosotros seguimos centrados en el nivel mundano incluso cuando realizamos prácticas espirituales.

Amma dice que la espiritualidad tiene como propósito provocar un cambio en nuestra percepción: de lo mundano a lo espiritual, de lo exterior a lo interior. Debido a nuestra incapacidad para cambiar de percepción, desperdiciamos mucho tiempo y energía en resolver nuestros problemas.

Al carecer de una mente expansiva, no somos capaces de afrontar las circunstancias de la vida. Como dice Amma a menudo, afrontamos las circunstancias desagradables de la vida de tres maneras distintas: huyendo de ellas, aceptándolas pero quejándonos o tratando de cambiarlas. Nadie intenta cambiar lo que Amma llama su *manasthiti* (actitud mental) para hacer frente a los retos de la vida. Es este proceso de cambio de nuestra actitud mental, y no las circunstancias externas, lo que confiere expansión mental. En la actualidad, la extroversión social y cultural hace que la gente busque la causa del sufrimiento sólo en las circunstancias externas. Muy raramente intentamos aprender a dirigir nuestra atención hacia dentro, a expandir la mente y resolver así los problemas.

Es cierto que la solución de algunos problemas, como el hambre o la necesidad de vivienda, pueden hallarse fuera de nosotros. Pero incluso en estos casos, a veces no existe una solución externa.

En los primeros tiempos del ashram, muchas veces no quedaba demasiada comida para Amma y los *brahmacharis* (discípulos célibes), después de haber servido a todos los devotos. Y, además, había mucho trabajo físico pesado y nadie más para hacerlo. De algún modo, gracias a la inspiración que recibíamos de Amma, éramos capaces de encontrar la energía para hacer las prácticas espirituales además del trabajo físico, incluso con una dieta exigua. Todo depende de nuestro condicionamiento. Amma dice que la espiritualidad consiste en condicionar la mente para adaptarse a cualquier circunstancia y hallar felicidad interior, independientemente de lo que esté sucediendo a nuestro alrededor. De hecho, la solución a la mayoría de nuestros problemas sólo puede proceder de nuestro interior. Tomemos, por ejemplo, los problemas de la ira, el odio, la decepción o los celos. No hay soluciones externas a estos problemas; tenemos que encontrar la solución en nuestro interior. Si buscamos soluciones externas, puede que generemos más problemas en el futuro.

Hace poco vino un occidental a vivir a Amritapuri. En occidente había vivido solo durante muchos años, pero cuando llegó al ashram tuvo que compartir habitación con otra persona. Entonces se dio cuenta de que era muy sensible al ruido. Su compañero trabajaba con un ordenador portátil en la habitación, y el recién llegado descubrió que las pulsaciones del ratón del ordenador le molestaban mucho cuando estaba intentando meditar. No quería pedirle a su compañero que restringiera su trabajo, decidió comprarle un ratón silencioso especial. Tras eso pensó que podría meditar y estudiar en paz, pero ahora que no tenía el ruido de las pulsaciones del ratón, se percató de que le molestaba el traqueteo del ventilador que giraba en la habitación del piso de abajo. Después de varias semanas de meditación intranquila y de dar vueltas por la noche, decidió comprar un ventilador silencioso a sus vecinos de abajo. A esas alturas estaba totalmente seguro de que nada más iba a molestarlo. Pero al eliminar el ruido del ventilador, se dio cuenta de que, debido a las obras de rehabilitación tras el tsunami que se estaban realizando en los alrededores, había un ruido constante de camiones por la carretera que pasa al lado del ashram. El ruido de los motores de los camiones le molestaba muchísimo, pero sabía que no podía comprar toda una flota de camiones silenciosos. Entonces se percató de que había tratado de resolver un problema interno con soluciones externas, y que lo que realmente necesitaba hacer era intentar reducir su sensibilidad interna al ruido.

Muchos le rezamos a Amma para que solucione nuestros problemas, y Amma se siente feliz de poder hacerlo por medio de su divina resolución. Pero para cada problema habría que buscar una solución distinta. El mejor tipo de ayuda que podemos recibir es una solución que sirva para muchos de nuestros problemas. Esta amplia solución es el cambio en la percepción que Amma se esfuerza por provocar en nosotros. ¿Cómo puede un simple cambio en la percepción suponer una diferencia tan grande?

Imaginemos que hay dos olas. Una es ignorante y la otra sabia. La ola ignorante considera que no es más que una ola, y por tanto piensa: "Soy una ola de un determinado tamaño, que salió de otra ola en tal y tal momento, y que pereceré en un futuro próximo".

La ola sabia pensará de otro modo: "No soy en absoluto una ola. 'Ola' es sólo el nombre que me dan. Soy esencialmente agua, y como agua nunca he nacido como ola. Siempre he sido agua, soy agua ahora y siempre seré agua. Aunque desaparezca esta ola en particular, siempre existiré como agua".

Una ola ignorante se considera a sí misma una ola mortal, mientras que la ola sabia se considera el agua inmortal.

Desde el momento en que la ola ignorante se considera a sí misma una ola, verá toda clase de diferencias en las otras olas. Las verá diferentes de sí misma, como potenciales competidoras (grandes o pequeñas, pacíficas o violentas) y eso generará competición, celos, avaricia y otros sentimientos negativos.

La ola sabia se ve a sí misma como agua y a las otras olas también como agua. Todo lo ve sólo como agua: no ve diferencia entre ella y las demás olas, o entre ella y el océano.

Del mismo modo, una persona sabia verá a las demás personas y cosas como su propio Ser, mientras que una persona ignorante lo verá todo como separado y distinto a ella. Incluso una persona sabia verá con los ojos físicos las diferencias entre las formas, pero con el ojo espiritual de la sabiduría lo verá todo como el mismo Atman.

Una vez, al poco de vivir en Amritapuri, tuve que ir a resolver unos asuntos del ashram a Bangalore, y de regreso tenía que cruzar una zona en obras, en la que la mayor parte de la carretera estaba cortada y sólo había un estrecho carril para los vehículos que circulaban en cada dirección. Cuando pasaba por el estrecho carril junto a la obra, vi que un camión se me venía encima y no parecía tener intención de dejarme pasar. Decidí hacerme a un lado a medias, suponiendo que el camionero, siguiendo las reglas no escritas de la carretera, también me cedería el paso hasta cierto punto. Sin embargo, este conductor se negó a apartarse ni un milímetro de su camino. Me pareció irritante su arrogancia y seguí adelante por el camino que yo había elegido. Estaba seguro de que podría lograr que se moviera al menos un poco; creo que en occidente se le llama "rajarse". Al final, como estaba claro que el camión no iba a apartarse en absoluto, decidí que era mejor rajarse que morir, pues no quería perderme la oportunidad de pasar más tiempo con Amma.

Cuando el camión me pasó, di media vuelta al coche y lo perseguí. Enfurecido por su temeraria y egoísta forma de conducir, decidí darle una lección. Lo adelanté y seguí adelante, incrementando la distancia entre nosotros dos. Luego di la vuelta al coche y salí, esperando a que pasara. Cuando lo vi acercarse, cogí una gran piedra de la carretera y la lancé contra su parabrisas, haciéndolo añicos. Luego volví a entrar en el coche y me alejé a toda velocidad.

Volví al ashram lo más rápido posible, ansioso de divertir a Amma con la historia de mi heroica hazaña. Pero cuando Amma oyó la historia, se sintió muy disgustada y me amonestó duramente: "No sabes cuánto me duele lo que has contado. Ese pobre conductor se verá obligado a afrontar el gasto de un nuevo parabrisas". Luego Amma me hizo una pregunta para la que no encontré respuesta "¿Habrías hecho lo mismo si Amma hubiera estado sentada en el camión?"

Cuando Amma dijo esto, se me bajaron todos los humos. Bajé la cabeza avergonzado.

Amma es capaz de aceptar a todas las personas como son porque las ve como su propio Ser. Si no somos capaces de ver nuestro propio Ser en todas partes, podemos tratar de ver a nuestra amada Amma en todo el mundo o verlos como los hijos de Amma. Ciertamente, eso provocará un cambio en nuestra percepción que reducirá el número de conflictos y problemas de nuestra vida, y nos ayudará a ser más pacientes y compasivos en todas las circunstancias de la vida. ❖

Capítulo 4

El dharma supremo

A veces le preguntan a Amma: "¿No basta con ser buena persona y llevar una vida *dhármica* (recta)? Si no causo daño a nadie y no tengo ningún mal hábito, ¿por qué necesito hacer prácticas espirituales?"

Para responder a esta pregunta, primero tenemos que comprender mejor el *dharma* y lo que significa realmente llevar una vida *dhármica*. De acuerdo con las Escrituras, hay varios tipos distintos de *dharma*. Cuando se refiere a una "vida *dhármica*", el que formula la pregunta en realidad se está refiriendo a un solo tipo de *dharma:* llevar una vida moralmente íntegra y correcta, sin engañar, robar, matar ni hacer daño a los demás; decir la verdad, etc. Desde luego, todos deberían observar estos valores morales, que son universalmente aplicables a cualquier sociedad, cultura y época. Pero observar simplemente los valores morales, no supone llevar una vida plenamente *dhármica*. Para ello necesitamos una comprensión más profunda del *dharma* y sus distintas variantes.

El segundo tipo de *dharma* es específico de la fe o formación religiosa de cada persona. Los musulmanes tienen diferentes reglas y costumbres que los judíos, y las obligaciones de un cristiano son diferentes a las de un hindú. Por ejemplo, a los musulmanes se les pide que recen cinco veces al día, que ayunen durante las horas solares del mes de Ramadán y que hagan un peregrinaje a la Meca al menos una vez en la vida. Los hindúes pueden ayunar una o dos veces a la semana, hacer voto de silencio, permanecer despiertos toda la noche en Sivaratri, llevar un cordón sagrado, visitar templos y recitar su mantra. Los cristianos y los judíos tienen distintas prácticas propias de su fe. Para ser una persona *dhármica* en este segundo sentido, no tenemos que seguir las prácticas de todas las religiones, sino sólo las de la nuestra en particular. En algunos casos, los maestros que han realizado el Ser y, por tanto, superado la necesidad de observar cualquier culto y trascendido todas las diferencias, incluida la religiosa, seguirán las costumbres prescritas en su propia tradición para dar ejemplo.

Un tercer tipo de *dharma* es el relativo a nuestra posición y papel en la sociedad. Por ejemplo, un soldado y un monje tienen cada uno su propio *dharma*. Para un monje sería totalmente inapropiado tomar las armas para defender a su país. Pero si un soldado rechazara hacerlo, no estaría ateniéndose al *dharma* correspondiente a su posición. Atenerse a nuestro *dharma* correspondiente es llevar a cabo sinceramente y de la mejor manera posible las tareas que se nos han confiado. Cuando todos actúen así, la sociedad funcionará sin problemas y todos prosperarán.

Finalmente está el supremo *dharma*: el deber de realizar nuestro Ser verdadero, nuestra unidad con Dios. Al igual que el primer tipo de *dharma*, este *dharma* supremo es común a todos.

Amma dice: "Seamos quienes seamos y hagamos lo que hagamos, las obligaciones que cumplimos en el mundo deben ayudarnos a alcanzar el *dharma* supremo, la unidad con el Ser Universal. Todos los seres vivos son uno porque la vida es una, y la vida tiene un solo propósito. Por nuestra identificación con el cuerpo y la mente, se puede pensar: 'Buscar el Ser y alcanzar la realización del Ser no es mi *dharma*; mi *dharma* es trabajar como actor, músico o empresario'. Está bien si uno lo siente así. Sin embargo, nunca alcanzaremos la plenitud si no dirigimos nuestra energía hacia la meta suprema de la vida".

Si seguimos sinceramente nuestro *dharma*, iremos superando nuestros gustos y aversiones, nuestro egoísmo, celos, orgullo y otras cualidades negativas. Por ejemplo, el *dharma* de un discípulo es seguir las instrucciones de su Gurú. A veces, el Gurú pedirá al discípulo que haga algo que no le guste hacer.

Una vez, un joven entró en el ashram tras haber iniciado su carrera cinematográfica. Le dijo a Amma que le gustaría mucho convertirse en su reportero personal. Amma escuchó su sugerencia y le dijo que quería que trabajara en el establo de las vacas. Eso era lo último que el joven deseaba hacer, pero como se lo había pedido Amma, aceptó obediente la tarea de cuidar las vacas del ashram. No obstante, su deseo de hacer películas no decayó fácilmente. Además de atender a sus obligaciones cotidianas, empezó a hacer un documental sobre la vida de las vacas; grababa cómo pastaban, dormían, eran ordeñadas y otras actividades. Cuando Amma se enteró, le recordó que el *dharma* de un aspirante espiritual era hacer el *seva* (servicio desinteresado) que se le había asignado, y dedicar el resto del tiempo a meditar, a hacer *mantra japa* (recitado del mantra), estudiar y rezar; actuar de otra manera era como ser infiel al camino espiritual y quedarse sentado en mitad de la carretera. Gracias a las instrucciones de Amma, este joven buscador fue capaz de superar sus preferencias y dedicarse de todo corazón al trabajo que Amma le había asignado.

Al dedicarnos a nuestro *dharma* sinceramente, nuestra mente se vuelve más pura y madura. Cuando hayamos alcanzado un mayor grado de madurez mental, nos interesaremos de forma natural por la espiritualidad y el supremo *dharma* de la realización del Ser. Al mismo tiempo, sólo la espiritualidad nos dará la fuerza necesaria para observar nuestro *dharma* en cualquier circunstancia.

Tomemos, por ejemplo, el caso de Yudhishthira, que según se dice encarnaba el principio del *dharma* bajo forma humana. Yudhishthira, el mayor de los cinco hermanos Pandavas y heredero legítimo al trono de Kuru, fue exiliado al bosque durante doce años por su celoso primo Duryodhana, que había asumido el papel de rey en su lugar. Aunque Duryodhana había logrado exiliar a Yudhishthira mediante la traición, y aunque todos sus hermanos, los Pandavas, instaban a Yudhishthira a regresar al reino y declarar la guerra a Duryodhana y sus hermanos, los Kauravas, Yudhishthira insistió en mantener su palabra y seguir exiliado durante el período completo de doce años. Sólo al final de este período Yudhishthira aceptó retirar del poder a los injustos Kauravas y recuperar lo que le pertenecía por derecho.

Únicamente la comprensión de los principios espirituales y el cumplimiento de las prácticas espirituales nos proporcionarán la correcta comprensión y actitud mental para perseverar en la realización de buenas acciones, sin que importe la respuesta que obtengamos a cambio.

En una ocasión, San Eknath vio un escorpión ahogándose en una balsa de agua. Decidió salvarlo ofreciéndole su dedo, pero el escorpión le hirió con su aguijón. Eknath retiró un momento la mano, estremeciéndose de dolor. Tras unos momentos Eknath trató de salvar otra vez al escorpión del agua, pero este volvió a picarle. Así sucedió repetidas veces.

Al final, alguien que estaba observando le preguntó a Eknath: "¿Por qué sigues intentando salvar al escorpión si sabes que te va a picar?"

Eknath le explicó: "La naturaleza del escorpión es picar, pero mi naturaleza es amar. ¿Por qué voy a renunciar a mi naturaleza de amar sólo porque la naturaleza del escorpión sea atacar?" Finalmente el escorpión, subyugado por el poder de la compasión de Eknath, dejó de atacarle y Eknath lo rescató alegremente del agua y lo dejó a salvo en la tierra.

Sólo la espiritualidad puede darnos la fuerza para amar y servir a los demás, incluso cuando nos respondan atacándonos. Tal como dijo Buda: "El odio no hará cesar nunca al odio. El odio cesa mediante el amor, pues esa es la ley eterna".

Cuando Amma era aún joven, iba con otra amiga a recoger las sobras de la comida por el vecindario para alimentar a las vacas de su familia. En aquella época muchos aldeanos hostigaban a Amma; pensaban que, más que una encarnación divina, era una lunática. Al pasar delante de una casa, un hombre que estaba en la puerta dijo en voz alta: "Esta Sudhamani es bastante rara, no me extraña que su familia no le encuentre marido. ¿O es que no pueden permitirse la dote? Si no tienen dinero, pondré yo la dote. Lo que necesita es un marido que la meta en vereda…" El hombre decía todo esto mientras Amma y su compañera pasaban. Amma no se inmutó en absoluto ante sus comentarios, pero la otra mujer, que conocía a Amma y tenía fe en ella como un ser divino, se sintió profundamente apenada por esas palabras. Siguieron caminando y Amma trató de consolarla, diciéndole que no tenía que sentirse afectada por las palabras de los demás, pues sólo mostraban su propia naturaleza. Pero no era posible consolar a la mujer. No podía comprender cómo aquel hombre podía ser tan innecesariamente cruel, y sobre todo con Amma.

Poco después de aquel incidente, quiso el destino que el hombre que había estado importunando a Amma se viera atrapado en una terrible tormenta mientras pescaba en su barca. Dos de sus parientes se ahogaron y la barca se hundió y quedó destrozada al chocar contra la costa. En un abrir y cerrar de ojos, su medio de vida había quedado destruido. Incapaz de encontrar ayuda en otro lugar, este mismo hombre acabó por acudir a Amma para pedirle ayuda. Una persona corriente podría haberse acordado de su anterior crueldad y haberlo despedido. Sin embargo, aunque el ashram tenía muy pocos medios en aquella época, Amma hizo todo lo posible por ayudarlo.

Le dio todo el dinero del que disponía para ayudarle a recomponer su vida[7].

Tras el desastre del tsunami del 2004, pudo verse el desarrollo de una historia similar a una escala mucho mayor. Muchos de los aldeanos del distrito alrededor del ashram lo perdieron todo aquel día. En los días posteriores al desastre, Amma le dijo a su antiguo discípulo, Swami Amritaswarupananda, que tenía previsto dedicar 23 millones de dólares a socorrer a las víctimas y rehabilitar la zona devastada por el tsunami. Más tarde, el Swami dijo que cuando lo oyó por primera vez no podía creer lo que estaba escuchando. "¿Qué?" le preguntó a Amma, pasmado. "¡Veintitrés millones de dólares! ¿De dónde va a salir el dinero?"

Amma estaba tranquila. Dijo simplemente: "Llegará". En su voz había una gran certeza y firmeza. No tenía la menor duda. Una compañía multinacional tarda meses en tomar la decisión de invertir 23 millones de dólares. Celebrará reuniones de consejeros, se llamará a analistas expertos para calcular los riesgos y las potenciales ganancias. Pero para Amma la compasión es lo más importante. Su decisión surgió sin más, espontáneamente. En un instante la había tomado. "Llegará".

Aunque muchas de esas mismas personas se mofaban sin piedad de Amma cuando era una niña, e incluso le tiraban piedras cuando era una joven, eso no detuvo a Amma ni un solo momento. Desde que las aguas lo arrasaron todo —y a pesar de que el mismo ashram sufrió importantes pérdidas materiales— Amma se dedicó en cuerpo y alma a ayudar a los aldeanos a recuperar todo lo que habían perdido. Sólo el conocimiento de Amma de

---

[7] No debería malinterpretarse que Amma fuera de algún modo la causante de este infortunio. Aunque aquellas palabras no le afectaran a Amma en absoluto, el corazón inocente de la otra joven se sintió profundamente herido por sus palabras. Las palabras hirientes de aquel hombre volvieron a él como una experiencia dolorosa.

que está unida a la fuente de la creación le permite amar y servir a los demás sin que le importe cómo la traten a cambio.

Al ser uno de los primeros aspirantes espirituales que decidieron vivir a los pies de Amma, buscando refugio y guía espiritual sólo en ella, Swami Pranavamritananda Puri es uno de los discípulos más antiguos de Amma. En su calidad de tal, se ha hecho cargo de diversas delegaciones del ashram en diferentes momentos. La noche antes de dejar Amritapuri por un periodo prolongado de tiempo por primera vez, Amma le dio un consejo que él dice que nunca olvidará. Le dijo: "Si vas con la convicción de que por mucho bien que hagas al mundo nadie va a hablar bien de ti, nunca te sentirás decepcionado".

Con esto, Amma está indicando que lo importante no es sólo la acción, sino la actitud con la que actuamos. Cuando realizamos buenas acciones, puede que esperemos recibir a cambio reconocimiento o favores de aquellos a los que prestamos ayuda. Cuando no recibimos la respuesta que estábamos esperando, podemos perder el entusiasmo y hasta dejar de hacer buenas acciones. La siguiente historia es un buen ejemplo.

Una vez un hombre de Bombay vino a Amritapuri a ver a Amma. Tiempo atrás había hecho una generosa donación al ashram. Cuando informó a los monitores que atendían las colas de que había venido a ver a Amma, le dieron un número y le dijeron que podía ir a comer y tomarse un descanso, pues tendría que esperar unas cuantas horas antes de que le llegara el turno de ponerse en la cola y recibir el *darshan* de Amma. Al oír esto, el hombre montó en cólera: "¿Es que no sabéis quién soy? ¡He dado mucho dinero al ashram de Bombay! ¿Cómo podéis retenerme así?" El hombre estaba tan ofendido que se fue del ashram sin recibir siquiera el *darshan* de Amma.

Aunque este hombre tenía el buen corazón de hacer un generoso donativo, esperaba a cambio un trato y reconocimiento especiales. La belleza de su buena acción quedaba destruida por su actitud incorrecta, que incluso le cegó para no recibir los beneficios del *darshan* de Amma.

Recuerdo otro ejemplo de este tipo de donación ocurrido en mis primeros tiempos con Amma. En aquella época yo trabajaba en un banco, y como no había restaurantes vegetarianos por la zona, me habitué a no comer ni cenar. Después del desayuno sólo tomaba algún té, y por la tarde un tentempié. En aquel tiempo, durante los *darshans* de *Krishna* y *Devi bhava*, Amma ofrecía como *prasad*[8] una o dos cucharadas de *payasam* (arroz con leche dulce) a todos los que acudían al *darshan*. Cuando yo iba al *darshan* de *Devi Bhava* de Amma por la noche, después de volver del banco, ella me daba mucho más *payasam,* porque sabía lo hambriento que estaba. Después me decía que me quedara a su lado y meditara un rato.

En aquella época había otro devoto que estaba muy celoso de la atención que Amma prestaba a los primeros *brahmacharis*, especialmente a mí. Un día le ofreció a Amma un *asana* (alfombra de meditar) de auténtica piel de tigre[9]. Sin embargo, como Amma no modificó el trato que nos dispensaba a mí y a los demás brahmacharis, un día estalló lleno de frustración: "¡Aquí sólo hay lugar para los brahmanes!" Tras decir estas palabras, recogió el *asana*

---

[8] Todo lo que el Gurú bendice se denomina *prasad*. También todo lo que se le ofrece al Gurú o a Dios está santificado y por lo tanto se convierte en *prasad*.
[9] Antiguamente, los yoguis utilizaban un *asana* de piel de tigre para meditar. Se considera que la piel de tigre retiene las vibraciones espirituales positivas generadas por la persona que utiliza el *asana*; de utilizarse *asanas* hechos con otros materiales, las vibraciones podrían atravesar directamente el *asana* y pasar a la tierra. Por supuesto, como ahora el tigre es una especie en peligro de extinción, nadie utiliza ya su piel. Pero a principios de los años ochenta, aunque era un artículo raro y caro, todavía podían encontrarse. Por supuesto, para una maestra que ha realizado el Ser, como Amma, estas ayudas materiales son totalmente irrelevantes. Ignorante de este hecho, aquel devoto pensaba que estaba haciéndole un gran favor a Amma.

de piel de tigre del armario donde estaba guardado, y se fue del ashram. Después de eso sólo muy de vez en cuando venía a ver a Amma. Por supuesto, la afirmación de ese hombre era absurda. Amma nunca ha mostrado preferencia hacia nadie por su casta, su religión o cualquier otra cosa. De hecho, Amma tampoco estaba mostrando preferencia hacia mí. Se debía sólo a que en ese momento éramos muy pocos los que estábamos con Amma, interesados por la meditación y por hacernos *brahmacharis;* la mayoría de la gente eran devotos que tenían familia y que sólo deseaban contarle sus penas y marcharse a casa. A los que nos gustaba meditar, Amma nos ofrecía la oportunidad de sentarnos a su lado.

Si bien aquel hombre le había entregado a Amma un espléndido regalo, un *asana* tradicional de gran valor, su regalo perdió toda la belleza y hasta lo reclamó al no recibir la compensación que esperaba.

El orgullo y el egoísmo pueden estropear no sólo nuestras buenas acciones, sino también nuestras buenas cualidades. Una vez Amma comentó que un determinado *brahmachari* era muy humilde. Al día siguiente, Amma dijo que otro *brahmachari* tenía muchísima humildad, estando el primer *brahmachari* junto a ella. Nada más oír las palabras de Amma, protestó: "Amma, ¿cómo puedes opinar así de ese *brahmachari?* ¡Yo soy mucho más humilde que él!" Llevado por su arrebato, este *brahmachari* evidentemente no se había dado cuenta de la ironía de sentirse orgulloso de su propia humildad.

La humildad es una cualidad única: afirmar poseerla es prueba segura de lo contrario. Por lo tanto, probablemente sea la más esquiva de todas las virtudes. Amma dice que un verdadero aspirante espiritual no debería esperar ni una palabra de reconocimiento Demasiado a menudo, la humildad no es la renuncia al orgullo, sino la sustitución de un orgullo por otro: sentirse orgulloso de no ser orgulloso. Debemos esforzarnos con diligencia por ser humildes, pero también debemos darnos cuenta de que si alguna vez alcanzamos la humildad perfecta, entonces tendremos tan poca conciencia de nuestra individualidad que ni siquiera nos reconoceremos como personas humildes.

En cierta ocasión, Buda aconsejó a sus discípulos: "Hay ochenta mil clases distintas de ignorancia en la mente humana. Si deseáis servir a la humanidad, debéis estar preparados para aceptar ochenta mil clases distintas de injurias".

Cuando Amma puso en marcha el proyecto de construcción de viviendas del ashram, para construir y distribuir casas gratis a los pobres sin hogar, envió a muchos de los *brahmacharis* a supervisar las obras y también a realizar las tareas de construcción. Cuando los *brahmacharis* volvieron al ashram, algunos se quejaron a Amma de que uno de los beneficiarios de las nuevas casas, que había estado viviendo en una destartalada choza de cartones, no parecía en absoluto agradecido por lo que le estaban dando. Aunque no tenía trabajo que hacer, se negaba a ayudar a los *brahmacharis*. Se quedaba por allí fumando y mirando las obras con indiferencia. Una noche, después de echar una capa de cemento, los *brahmacharis* pidieron al futuro dueño de la casa que mojara el cemento durante la noche mientras fraguaba. Su respuesta fue: "Ese no es mi trabajo y no quiero hacerlo".

Los *brahmacharis* le preguntaron a Amma: "¿Por qué tenemos que molestarnos en construir viviendas para gente así?"

Amma les contestó: "Hijos, vuestro deber es construir las casas. Además, ese hombre estaba comportándose simplemente como es. Si hubiera actuado de otro modo, sería otra persona". Dicho de otro modo, la gente actúa según su naturaleza, y no debemos esperar que lo hagan de otro modo.

Si estos *brahmacharis* no tuvieran a Amma para corregir su actitud, no cabe duda que perderían su entusiasmo y motivación para servir a los pobres después de que les trataran mal unas cuantas veces. Con la guía de Amma, pudieron considerar la experiencia una oportunidad de practicar la acción por la acción misma y de cultivar la ecuanimidad mental: cumplir con su deber sin preocuparse de si sus esfuerzos eran apreciados o criticados.

Si somos caritativos o hacemos buenas obras esperando gratitud o reconocimiento, generamos más *karma* y, aunque sea buen *karma*, tendremos que experimentar los resultados (positivos) de esas acciones. Mientras que los resultados de las acciones perjudiciales o negativas pueden compararse a estar atados con una cadena de hierro –pues estamos destinados a experimentar los resultados dolorosos de nuestras acciones negativas– los resultados de las buenas acciones realizadas con una actitud egoísta pueden compararse a estar atados con una cadena de oro.

Ya estemos atados con una cadena de oro o de hierro, seguimos cautivos. Aunque tengamos éxito, prosperidad y experiencias placenteras como resultado de esas acciones, seguiremos atrapados en el círculo de nacimiento y muerte.

Hay personas que dedican la vida a realizar buenas acciones y los *yagnas* (rituales) adecuados para entrar en los reinos celestiales a su muerte. Pero aunque lo consigan, según el *Sanatana Dharma,* la existencia en el cielo no es eterna. Por eso en el Katha Upanishad, cuando Yama, el Señor de la Muerte, ofrece al joven Nachiketas la entrada en la esfera más alta de los cielos y le promete los mayores placeres en una virtual eternidad, Nachiketas rechaza la oferta y le dice que sólo desea el conocimiento del Ser, que es lo único que le concederá la liberación del círculo de nacimientos y muertes. Nachiketas sabía que todos los placeres (de este mundo o de otros) son temporales y en última instancia imperfectos, y que cuando se agotan los méritos de un alma, ésta tiene que descender de nuevo a la tierra para nacer bajo forma humana. Del mismo modo, el Señor Krishna declara en la *Bhagavad Gita*:

te taṁ bhuktvā svargalokaṁ viśālaṁ
kṣīṇe puṇye martya-lokaṁ viśanti

Tras haber disfrutado del vasto mundo del cielo,
regresan al mundo de los mortales.

(IX.21)

Por supuesto, eso no quiere decir que debamos dejar de hacer servicio desinteresado porque nuestra actitud no sea totalmente altruista. Siempre que llevemos a cabo nuestras acciones teniendo presente ese objetivo, nuestra mente se irá abriendo más y más, y a su debido tiempo llegaremos a un estado en el que nuestro servicio sea totalmente desinteresado.

Amma dice: "Aunque los demás no respondan apropiadamente a nuestras buenas acciones, no debemos dejar nunca de hacerlas. Aunque nadie más aprecie lo que estemos haciendo, esa acción seguirá produciendo un efecto positivo".

En este caso, Amma se está refiriendo al hecho de que cualquier acción realizada tiene, al menos, dos resultados: un resultado visible y otro invisible. Una persona puede responder positiva o negativamente a nuestra buena acción; ese es el resultado visible. Pero por cada buena acción que realicemos, independientemente de su resultado visible, estamos acumulando méritos positivos; ese es el resultado invisible. De manera que, mientras que el resultado visible puede ser positivo o negativo, el resultado invisible de una acción virtuosa es siempre positivo. Por ejemplo, cuando damos de comer a una persona hambrienta, el resultado que percibimos directamente es que esa persona calma su hambre. El resultado invisible es que obtenemos algún mérito positivo al realizar esa buena acción.

Tengamos presente que, al menos, el resultado invisible de nuestras buenas acciones es siempre positivo y, sin dar demasiada importancia a si recibimos o no aprecio o reconocimiento externo, hagamos siempre todo lo posible por cumplir nuestro *dharma* y realizar acciones *dhármicas*.

Hay una clase especial de tortuga que con su cola barre la tierra por la que pasa. Lo hace para evitar que posibles depredadores sigan sus huellas. Esta táctica funciona hasta cierto punto, pues algunos depredadores ya la conocen y ahora, en lugar de buscar las huellas de la tortuga, buscan la marca que deja en el suelo su cola al barrerlo.

Para progresar espiritualmente y liberarnos al final de la esclavitud del nacimiento y la muerte, realizamos buenas acciones. Pero cuando hacemos lo correcto con una actitud incorrecta, actuamos igual que esa tortuga. Nuestra actitud incorrecta es como la cola que borra las impresiones creadas por nuestras buenas acciones pero deja su propia marca, creando más ataduras para nosotros. Por eso Amma dice que tras hacer una buena acción, debemos olvidarla inmediatamente.

Si en una cerradura giramos la llave hacia un lado, se cierra. Si la giramos hacia el otro, se abre. Del mismo modo, las acciones realizadas con una actitud incorrecta nos abren la puerta para entrar en el *samsara* (el círculo de nacimientos y muertes), mientras que las acciones realizadas con la actitud correcta abrirán la cerradura del *samsara* y nos harán libres. ❧

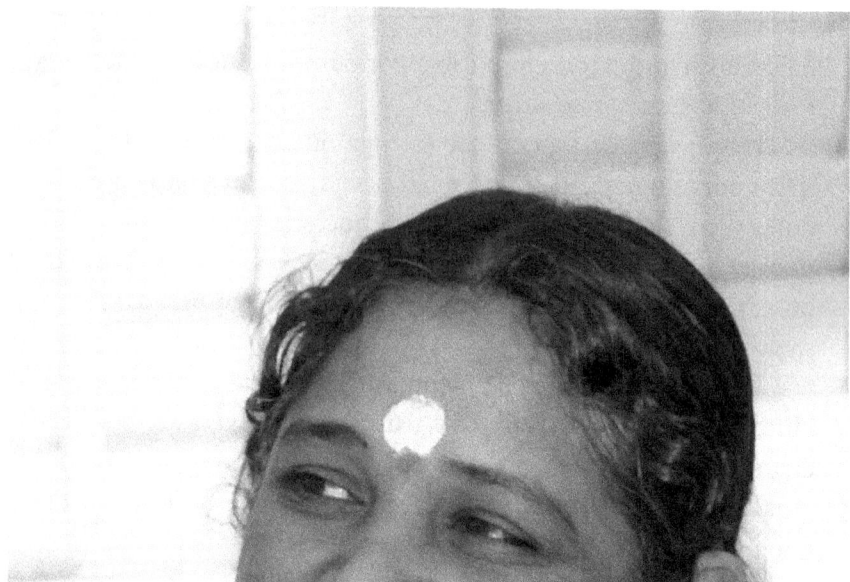

Parte 2

Los elementos de una vida de bendiciones

"Que el árbol de nuestra vida quede firmemente enraizado en la tierra del amor.
Que las buenas obras sean las hojas de ese árbol.
Que las palabras amables sean sus flores y que la paz sea su fruto".

—Amma

Capítulo 5

El modo de vida espiritual

Al leer las Escrituras sin una adecuada guía y comprensión, podemos llegar a la conclusión errónea de que los cinco sentidos son de alguna manera intrínsecamente malos. Pero observando a Amma comprendemos que no es así. Amma nos muestra que podemos utilizar los cinco sentidos de una manera positiva, de una manera que facilite nuestro crecimiento espiritual en lugar de obstaculizarlo.

Amma utiliza sus oídos para escuchar las penas de la gente que sufre, su habla para consolar y aliviar a esas personas, y sus ojos para mirar a todos compasivamente. Sean cuales sean las circunstancias de nuestra vida, todos podemos tratar de comprometernos a tener buenos pensamientos, escuchar buenas cosas, decir palabras amables y realizar buenas acciones.

Un día, en el ashram de Amma en San Ramón, durante su gira americana del 2005, un niño de tres años, hijo de unos devotos que nació por las bendiciones de Amma, fue a verla con una queja. Se paró ante Amma y le dijo de pronto: "No me gusta nadie en este ashram.

En lugar de ignorar el comentario como cháchara infantil, Amma se tomó en serio la queja. "¿Por qué, hijo mío? ¿Es que te ha gritado alguien?"

"No", respondió el niño.

Amma le preguntó a continuación: "¿No te daría pena si la gente de aquí dijera que no les gustas?"

El niño estuvo de acuerdo con esto.

Entonces Amma transmitió una enseñanza que tanto el niño como su padre y todos los presentes recordarán toda su vida. Moviendo las manos para enfatizar sus palabras, Amma dijo: "En todo lo que oigas, en todo lo que veas, en todo lo que huelas, en todo lo que comas..." Entonces, señalando con un gesto de la mano a todas las personas en la sala, continuó: "En todas las personas... en todo... deberías sentir a Dios". De esta manera, Amma consiguió explicarle hasta a un niño de tres años cómo se pueden emplear los sentidos de un modo positivo en la vida.

Así, Amma nos enseña a reconducir nuestra energía hacia un buen propósito, en lugar de suprimirla. Esta es una técnica espiritual muy importante. Por ejemplo, desviar la fuerte corriente de un río, seria un proceso muy difícil que podría dañar el ecosistema y a nosotros mismos. Si en su lugar redirigimos suavemente la corriente del río en su fuente, lograremos que al final el rió llegue a un destino totalmente diferente.

Amma nunca nos dice que suprimamos nuestros pensamientos y deseos. En su lugar, dirige con mucha habilidad el curso de nuestra mente para que fluya hacia Dios. Cuando nuestra mente fluye hacia Dios, nuestras acciones y toda nuestra energía sirven de manera natural a un propósito más elevado. En vez de llevar una vida egoísta, nos volvemos más altruistas y compasivos. Disfrutar no es malo, simplemente no es bueno cuando es solo para nosotros mismos. Por ejemplo, está bien dedicar tiempo y dinero a disfrutar; pero, como dice Amma, deberíamos destinar al menos una parte de nuestro tiempo y recursos al bien de los pobres y necesitados.

En realidad, es una idea y un proceso muy sencillos. Sin embargo, en la práctica, necesitamos que nos lo recuerden constantemente y tener un modelo perfecto a seguir. Por ese motivo obtenemos un verdadero beneficio al estar con una maestra como Amma. Es posible que conozcáis el ejemplo que pone Amma, de que el maestro es como un cohete propulsor que nos ayuda a liberarnos de la órbita de nuestras tendencias negativas y deseos egoístas. Hace poco leí que un satélite solar ruso se estrelló contra la Tierra por un fallo en su cohete propulsor. Si dependemos de un cohete físico, nunca sabremos cuándo va a fallarnos o se agotará su combustible. Pero el cohete del maestro no nos fallará nunca, pues el Maestro tiene el combustible inagotable del amor incondicional.

¿De qué modo podemos utilizar el ejemplo de la vida de Amma como un cohete propulsor? Primero, si pasamos tiempo en su presencia, desarrollamos amor por ella, o al menos por lo que ella hace. Al ver su vida de auto sacrificio, nosotros también empezamos a dejar de sentirnos atraídos por los objetos sensoriales.

Amma cuenta la siguiente historia. Una vez, un hombre rico se entrevistó en privado con Amma. Dormía en una lujosa y enorme cama, así que pensó que Amma también dormiría en una cama buena y cómoda después de dar darshan y esforzarse durante tantas horas. Pero cuando se enteró de que Amma siempre dormía en el duro suelo, se quedó atónito. Decidió vender su lujosa cama y destinar el dinero a obras caritativas.

En cierta ocasión, un grupo de jóvenes llegó al ashram cuando Amma estaba dando *darshan*. Algunos venían borrachos, y uno de ellos lo vomitó todo en el suelo, nada más recibir el *darshan* de Amma. Sus propios amigos no podían soportar estar a su lado, y los devotos que estaban junto a Amma se apartaron asqueados. Pero Amma se levantó inmediatamente y limpió la cara y el pecho del muchacho con su propio sari. Luego empezó a limpiar los vómitos del suelo con sus propias manos. Enseguida llegaron los devotos con una fregona y un cubo de agua. Al ver la humildad y el amor tan profundos de Amma, se produjo un verdadero cambio en los jóvenes. Sintieron tantos remordimientos que dejaron de beber por completo.

Amma nos enseña que nuestra vida no está destinada simplemente a nuestro propio disfrute. Nos enseña un propósito más alto en la vida, y cómo emplear nuestro cuerpo, mente y sentidos para alcanzarlo.

En la *Keno Upanishad* hay una invocación de paz que dice: "Permite, Señor, que todos mis miembros sean fuertes y sanos. Que mis palabras, mi respiración, mis ojos, oídos y todos los demás órganos sean fuertes y sanos... Que nunca olvide al Supremo *Brahman*, que impregna el Universo entero".

Esto significa: "Que mis cinco sentidos no me engañen ofreciéndome el conocimiento superficial de las formas y los sonidos; que sean lo bastante fuertes para penetrar los nombres y formas externos y contemplar la Verdad tras ellos".

Amma cuenta la siguiente historia: Una vez un hombre de negocios fue a ver a un Gurú. El hombre le dijo que tenía mucho dinero, una esposa que lo quería y unos hijos obedientes, pero aún así no era capaz de experimentar ninguna paz mental. El Gurú le respondió: "Si te interesa, te daré un mantra".

El hombre sacó un gran manojo de llaves y dijo: "Cada una de estas llaves corresponde a una fábrica de la que soy responsable. ¿De dónde saco tiempo para recitar un mantra?"

El Gurú le preguntó pacientemente: "¿Te duchas todos los días?"

"Desde luego", respondió el hombre.

"¿Qué distancia hay desde tu cama al cuarto de baño?" preguntó el Gurú.

"Unos diez pasos", respondió.

"Cuándo te diriges al cuarto de baño, ¿qué sueles hacer?"

"Nada, sólo caminar".

"Entonces, de camino al cuarto de baño, ¿por qué no recitas el mantra unas cuantas veces?"

El hombre estuvo de acuerdo en que lo podría hacer.

"Y mientras te duchas, ¿también estás ocupado?"

El hombre aceptó que también podría recitar su mantra en la ducha.

Del mismo modo, el Gurú aconsejó al hombre de negocios que recitara mentalmente el mantra mientras se cepillaba los dientes, desayunaba y caminaba hacia su coche. El hombre siguió sinceramente los consejos del Gurú, y con el paso del tiempo vio que podía recitar su mantra mientras hacía muchas de sus actividades cotidianas.

El filósofo romano Séneca dijo: "Todos tienen tiempo si lo desean. Los negocios no persiguen a nadie. La gente se aferra a ellos por propia voluntad y cree que estar ocupado es una prueba de felicidad". Especialmente en el mundo actual, la gente se queja a menudo de que está demasiado ocupada para hacer prácticas espirituales o llevar una vida espiritual. Pero, al igual que el hombre de negocios del relato, si nos fijamos bien en nuestra vida, sin duda encontraremos tiempo para recordar a Dios. Por muy ocupados que estemos, podemos encontrar muchos cortos períodos de tiempo a lo largo del día en los que tenemos tiempo libre, aunque sólo sean unos minutos en un autobús, esperando en alguna cola o cuando estemos haciendo un trabajo rutinario que deje la mente libre para recitar el mantra. En lugar de tratar de llenar todo nuestro tiempo libre con alguna clase de entretenimiento o entregándonos a pensamientos sobre el pasado y el futuro, deberíamos aprender a convertir al menos parte de nuestro tiempo libre en tiempo provechoso. Por ejemplo, cuando estemos esperando al teléfono, podemos tratar de mantener la quietud en nuestro interior, recordando que nuestra verdadera naturaleza es quietud y paz. Si Amma es nuestro Gurú, podemos recordar una dulce experiencia que hayamos tenido con ella, o podemos imaginar que Amma está sentada en nuestro corazón. Si estamos haciendo cola en la oficina de correos, podemos imaginar que estamos en la fila del *darshan* de Amma. (¡Pero tened cuidado de no abrazar al empleado o empleada de correos cuando os dé los sellos!)

Si no somos de naturaleza devocional, observemos sencillamente nuestra propia respiración, siendo conscientes de cada inhalación y exhalación. Eso es en sí mismo una práctica espiritual que nos ayudará a crear más conciencia en nuestro interior.

Mientras hacemos prácticas espirituales y profundizamos en la comprensión de los principios espirituales, debemos prestar especial atención a cómo empleamos el tiempo libre. Por ejemplo, cuando tengamos una tarde o un fin de semana libres, podemos asistir a un *satsang* (encuentro de aspirantes espirituales) o hacer trabajo voluntario. Si hacemos algo espiritualmente útil con nuestro tiempo libre, al menos durante ese tiempo la mente se mantendrá relativamente pura, y también ayudaremos a otros.

Al mismo tiempo, cuidemos de no crear nuevos *vasanas*[10]. Podemos evitarlo leyendo libros espirituales, visitando los ashrams de Amma o pasando tiempo con otros devotos o aspirantes espirituales. Al involucrarnos en esas actividades, prevenimos en gran medida la creación de más *vasanas*. El primer paso para eliminar o superar nuestros *vasanas* es evitar los lugares que los hacen aflorar. Por ejemplo, Amma dice que si somos adictos a ver la televisión, no podemos tener un televisor en la habitación y decir que no vamos a verla. El primer paso sería sacar la televisión de la habitación. Es mucho más difícil evitar algo cuando nuestros sentidos entran en contacto con ello. Si podemos evitarlo por completo, si nos situamos en un lugar en el que haya menos oportunidades para que se manifiesten los *vasanas* existentes, tendremos más posibilidades

---

[10] Literalmente, *vasana* significa "tendencia". En este libro se utiliza para referirse a tendencias negativas en particular. En último término, todas las tendencias deben trascenderse para obtener la liberación o realización del Ser, pero una parte importante del proceso consiste en deshacerse de todas las tendencias negativas y cultivar activamente tendencias positivas.

de conseguirlo. Por supuesto, si el *vasana* es muy fuerte tal vez no podamos eliminarlo por completo, pero podemos tratar de regularlo. Así, si somos incapaces de dejar de ver la televisión del todo, podemos ver películas espirituales o programas educativos.

También podemos examinar las actividades rutinarias que hacemos todos los días y tratar de hacerlas mucho más conscientemente, para que nos ayuden a recordar nuestra verdadera naturaleza y la meta última de la vida.

Es muy importante cómo nos levantamos por la mañana. Al despertarnos, antes de poner los pies en el suelo, demos gracias a la tierra por apoyarnos en ella y sustentarnos. Recemos de esta manera antes de levantarnos de la cama: "Señor, haz que hoy no dañe a nadie, ya sea de pensamiento, palabra u obra. Que hoy haga algo bueno por los demás".

Mientras nos duchamos, podemos acordarnos de agradecer a la Madre Naturaleza por darnos agua. Podemos cuidar de no utilizar más agua de la necesaria, recordando que el agua es un recurso precioso. También podemos recordar que no todos disponen de agua, y podemos rezar para que sean cubiertas las necesidades de todo el mundo.

Antes de comer, podemos ofrecer nuestra gratitud a Dios por la comida que nos da. Podemos recordar que otros seres vivos se han sacrificado y esforzado para ofrecernos esta comida. También debemos tener cuidado de no servirnos más de lo que podemos comer. Desperdiciar comida equivale a faltar al respeto a Dios y a todos los que no tienen nada que comer. Amma lo dice sin rodeos: "Comer más de lo necesario es un acto de violencia". Recientemente he leído un estudio sobre la pobreza en el mundo que concluye que si tenemos comida en la nevera, ropa para vestirnos, un techo sobre nuestra cabeza y un lugar donde dormir, somos más ricos que el 60% de la población de este mundo. Muchos de nosotros damos estas cosas por sentadas, las consideramos nuestro derecho de nacimiento. Pero no es así para la mayoría de los seres humanos. De hecho, somos muy afortunados por tener cubiertas estas simples necesidades fundamentales. Cuando pensamos en la aflicción que padece la gente en todo el mundo, ¿cómo no vamos a considerar bendita nuestra vida?

Amma dice: "Normalmente no valoramos nuestras bendiciones, sino que estamos siempre dispuestos a quejarnos. Esta actitud es incorrecta. Dios nos ha dado tanto en la vida: cuerpos sanos, el sol, el aire y el agua. Y, sin embargo, no expresamos nuestra gratitud a Dios. Deberíamos llenar nuestro corazón de amor y gratitud hacia Dios".

Uno de los momentos más importantes del día es el crepúsculo. Amma dice que las vibraciones mundanas son muy fuertes en ese momento, porque todos los seres vivos están pensando en su vida cotidiana y anhelan irse a dormir. Amma dice que si no hacemos alguna práctica espiritual en ese momento, todas esas vibraciones mundanas nos afectarán negativamente. Por eso Amma recomienda que recitemos o cantemos *bhajans* en voz alta al atardecer en lugar de comer, dormir o hacer otras actividades externas. De ese modo, podemos evitar los pensamientos negativos y la mente se concentrará en Dios. Amma dice que eso ayudará incluso a purificar la atmósfera.

Tradicionalmente, sobre todo en las familias de brahmanes, el atardecer es el momento que se reservaba para la práctica espiritual. Toda la familia va a la sala de *puja* para rezar y cantar al menos durante media hora. Sin embargo, ahora en la India entre las seis y media y las siete de la tarde, aparecen en televisión las películas más taquilleras. Así que lo que ocurre a menudo es que los padres procuran que sus hijos hagan sus plegarias en ese momento para poder ver ellos tranquilamente la película de la televisión.

Lo he podido constatar al visitar algunas casas de devotos de Amma en la India. Recuerdo haber visitado una casa a las seis y media en punto, y los padres acababan de enviar a sus hijos a la sala de *puja*. Pero al estar yo allí, no podían ver la película. Me di cuenta de que les incomodaba un poco que yo hubiera llegado a esa hora, pero no querían decirme que me fuera. Más tarde, ellos mismos me lo confesaron: "Swami, les decimos a nuestros hijos que hagan sus oraciones exactamente de seis y media a siete. La película se emite en episodios de media hora, y con eso nos basta". Interiormente, le agradecí a Amma que por lo menos no me hubieran despedido.

Amma ha comentado que, aún cuando la gente pueda sentir algún interés por la espiritualidad y algo de amor por Dios, en realidad serían muy pocos los que aceptarían la Liberación, aunque se les ofreciera. Amma dice en broma que si el mismo Dios llamara a nuestra puerta y nos ofreciera la Suprema Realización, le diríamos: "Mira, Señor, ahora estoy viendo una película realmente fantástica, ¿por qué no vuelves cuando se acabe?"

Lo que hacemos antes de irnos a dormir también es muy importante. En lugar de ver una película violenta o leer una novela de miedo, tratemos de leer algo que tenga un sentido moral o valores espirituales. Podemos leer unas páginas de las enseñanzas de Amma o de otro maestro realizado. También podemos leer un texto de las Escrituras. Muchos insisten en que la televisión y los otros medios no afectan a las actitudes o el comportamiento de una persona, pero muchos psicólogos nos dirán que es mejor leer algo que alivie y calme la mente, especialmente antes de dormir.

Amma también aconseja que meditemos unos diez minutos antes de dormirnos y otros diez minutos al despertarnos. Lo dice por una buena razón: la meditación regular tiene un efecto sutil muy importante. Amma dice que las diferentes emociones producen diferentes vibraciones en nosotros y en nuestro entorno.

La ira produce un tipo de vibración, la lujuria produce otro y el amor maternal produce otro distinto. El *mantra japa* (recitado del mantra) y la meditación producen una vibración muy beneficiosa en nuestro interior. La ciencia moderna ha realizado muchos estudios que muestran que la meditación también tiene una influencia positiva en nuestra salud física y mental, y que activa incluso partes del cerebro relacionadas con la felicidad y los sentimientos de bienestar. Un estudio de la Universidad de Wisconsin sobre el poder de la meditación midió la actividad de estas partes del cerebro en personas corrientes y las comparó con la misma parte del cerebro de monjes budistas tibetanos. En los monjes mayores, que habían meditado regularmente durante muchos años, su indicador de "felicidad" de hecho superaba la tabla establecida por la Universidad para el estudio. Esos monjes eran más felices de lo que los científicos habían considerado posible.

Los antiguos sabios daban gran importancia a la realización de prácticas espirituales antes de empezar el día. En el *Srimad Bhagavatam*, como parte de una descripción de la decadencia de los valores morales y espirituales durante el Kali Yuga, la edad del materialismo (en la que nos encontramos ahora), el sabio Shuka dice que simplemente "darse un baño sin ninguna otra rutina matinal será suficiente para afrontar el nuevo día". ¿Acaso no pensamos la mayoría de nosotros exactamente igual? Sobre todo cuando tenemos prisa, nos basta con una ducha rápida y correr hacia la puerta con una tostada en la mano. Pero lo que los sabios nos recuerdan es que nuestra mente también necesita un baño matinal. Esta limpieza interior sólo puede conseguirse a través de la meditación y otras prácticas espirituales.

Algunos preguntan por qué hay tantos rituales externos y ceremonias en el Sanatana Dharma si Dios está en el interior. Lo que estas personas se plantean es: "¿Cómo vamos a encontrar a Dios dentro de nosotros, si estamos siempre mirando hacia fuera?"

Si esas personas cerraran sus ojos dos minutos y trataran de encontrar a Dios en su interior, creo que encontrarían la respuesta a su pregunta. Mirar hacia dentro no es tan simple como parece. Nuestra mente tiene tendencias extremadamente extrovertidas. Si lanzamos un ataque directo a la mente, intentando de inmediato retraer los sentidos y concentrarnos en nuestro interior, la mente se rebelará y nuestra inquietud mental se multiplicará por diez. Hay un versículo en el *Katha Upanishad:*

parāñci khāni vyatrṇat svayambhū
stasmāt parāṅpaśyati nāntarātman

El Señor Supremo, que existe por sí mismo, infligió un castigo a los órganos sensoriales al crear en ellos tendencias externas; por lo tanto, el hombre sólo percibe con ellos los objetos externos y no al Ser interior.

(II.i.1)

Amma dice que aunque Dios está dentro, nuestra mente no mira hacia dentro. El propósito de las formas externas de adoración es, en esencia, engañar a la mente para que se concentre en Dios. Dejamos que la mente fluya hacia fuera, como le gusta hacer, pero controlamos el objeto de nuestra atención. Poco a poco, con la práctica, podemos trasladar nuestra atención hacia dentro.

En la India, las madres tratan de que sus hijos pequeños coman engatusándolos de una manera interesante. Todos sabemos que es difícil convencer a los más pequeños para que coman cuando nosotros queremos. Así, lo que esas madres hacen, en lugar de llamarlos para que vengan a comer, es ofrecerles otra cosa que hacer. La madre le dirá al niño: "Ven, cariño, vamos a ver la luna". Y mientras le señala la luna y le comenta sus rasgos, el niño centra toda su atención en la luna y la madre aprovecha para ponerle un poco de comida en la boca. O la madre lleva a su hijo al parque y lo columpia. Y cada vez que el niño se columpia hacia la madre, ésta le da un bocado de comida. Pero al niño no le parece que esté comiendo: le parece que se está columpiando o mirando la luna.

Las formas externas de adoración son parecidas. Hasta el *hatha yoga* es una forma externa de adoración. En el *hatha yoga* nos concentramos en la posición del cuerpo, pero el auténtico propósito es calmar y concentrar la mente. Del mismo modo, a algunas personas les gusta meditar concentrándose en la respiración. Pero una vez más, el resultado que se busca es calmar la mente. Y dado que la mente está tan íntimamente conectada con el cuerpo y con la respiración, estas técnicas también pueden ser eficaces, sin que la mente sienta que esté siendo atacada.

Cuando estamos haciendo *archana*[11] (adoración), una *puja* (ritual sagrado) o una *homa* (ceremonia del fuego) o meditamos en una imagen de nuestro Gurú o de la forma de la deidad que amamos, centramos la atención en lo que está ante nosotros. De ese modo somos capaces de apartar los ojos, los oídos y los demás órganos de los sentidos de todos los demás objetos. Poco a poco, eso nos ayudará a desarrollar más concentración. En lugar de que los sentidos se dirijan hacia muchos objetos diferentes, tratamos de centrarlos en un objeto: no cualquier objeto, sino un objeto con cualidades divinas, así que estamos cultivando al mismo tiempo un corazón puro. A medida que la mente se concentra más, resulta más fácil concentrarse en el interior. Ese es el propósito de todos estos rituales externos. Aunque son externos, es un proceso de volverse poco a poco hacia dentro.

Aunque sólo nos sentemos veinte minutos al día para hacer prácticas espirituales, no tenemos que creer que no podemos llevar una vida espiritual. En su discurso de la festividad de Guru

---

[11] En este libro y en el ashram de Amma, "archana" se refiere normalmente al recitado del Sri Lalita Sahasranama, los mil Nombres de la Madre Divina.

Purnima del año 2005, Amma nos ofreció las siguientes prácticas sencillas que cada uno de nosotros puede incorporar a su vida, con el fin de llevar una vida de acuerdo con sus enseñanzas:

1) Un día de silencio a la semana, que puede observarse junto con meditación, *mantra japa* (recitado del mantra) o ayuno

2) Si estás enfadado con alguien, llámalo por teléfono o escríbele una carta amable.

3) Una vez por semana, haz un voto: "Hoy no me enfadaré con nadie". Puede que fallemos y nos enfademos con alguien, pero debemos continuar esforzándonos sin desalentarnos.

4) Crear una agenda espiritual, anotando lo que hay que practicar y las cualidades a desarrollar. Mirar la agenda cada mañana y seguir las anotaciones. Amma nos indica que la función de esta agenda es equivalente a la de una alarma de seguridad, que nos avisará cuando los perturbadores entren en nuestro territorio.

Amma dice que llevar una vida espiritual significa llevar una vida normal con una actitud espiritual. De hecho, la mayoría de nuestras acciones pueden convertirse en una práctica espiritual. Una de las prácticas espirituales más importantes es desarrollar cualidades positivas como amabilidad, paciencia, compasión y amor. Si observamos atentamente nuestra vida, comprobaremos que tenemos a lo largo del día muchas oportunidades de desarrollar y expresar esas cualidades.

En la *Bhagavad Gita*, el Señor Krishna dice:

ne'hā bhikramanāśo'sti pratyavāyo na vidyate
svalpam apy asya dharmasya trāyate mahato bhayāt

En este (camino espiritual) no se pierde ningún esfuerzo; ni se produce efecto adverso alguno. Poner en práctica incluso un poco de este dharma protege del gran temor.

(II.40)

Generalmente, los esfuerzos que realizamos en el mundo tienen dos limitaciones fundamentales. Una de ellas es que si no conseguimos nuestra meta por una razón u otra, todos los esfuerzos que hayamos realizado se habrán desperdiciado. Por ejemplo, podemos cultivar durante meses unos campos para que den una cosecha. Pero si llega un ciclón antes de recogerla, tendremos que empezar otra vez de cero.

La segunda limitación fundamental es que nuestros esfuerzos pueden producir un resultado distinto al esperado. Si tomamos un medicamento para curar una enfermedad, es posible que sea eficaz o no, y hasta que seamos alérgicos a ese medicamento. Así, nuestro esfuerzo no ha producido el resultado deseado, y produce de hecho un resultado diferente, contrario a lo que esperábamos.

En este verso, Krishna nos está diciendo que los esfuerzos que hagamos en el camino espiritual no están sujetos a las limitaciones fundamentales e inherentes a todos los demás esfuerzos. Así como siempre nos nutriremos al tomar una comida sana, hasta el más mínimo esfuerzo que hagamos en la práctica espiritual o aplicando los principios espirituales a nuestra vida nos beneficiará sin duda alguna. Esta es otra ley del universo, tan firme como la ley del *karma*. Si comprendiéramos esta verdad, no dudaríamos nunca en abrazar la espiritualidad, por muchos años que tengamos, y no pensaríamos nunca en abandonar nuestros esfuerzos, ni nos desesperaríamos creyendo que no han servido para nada. La práctica espiritual siempre nos beneficiará; tiene que beneficiarnos. Es una ley universal. ❈

Capítulo 6

Invirtiendo el mecanismo: La expansión de la mente con el servicio desinteresado

En su famoso poema "La tierra perdida", el poeta T.S. Eliot describe la vida moderna como espiritual y moralmente vacía. En unos versos del poema, el narrador observa una hilera aparentemente interminable de personas que cruzan el Puente de Londres en dirección a su trabajo. Sus movimientos son tan mecánicos y sus vidas parecen tan carentes de significado que Eliot los llama los Muertos Vivientes, diciendo: "No había pensado que la muerte hubiera anulado a tantos".

Las Escrituras del Sanatana Dharma dicen que quien vive sólo por su propio interés sin ayudar a los demás no está viviendo realmente. Una persona así está simplemente viva, como un animal. Una persona en estado de coma puede estar viva, pero ¿está viviendo realmente? Del mismo modo, una persona que viva una existencia puramente egoísta está simplemente viva. En la *Bhagavad Gita*, el Señor Krishna llama a esas personas ladronas, porque siempre están tomando del mundo y nunca dan nada a cambio. Amma dice que mientras sigamos tomando de los demás, seremos unos mendigos. Pero cuando empezamos a dar a los demás nos convertimos en reyes. La verdadera vida empieza cuando empezamos a ayudar y servir a los demás, cuando mostramos compasión.

Había una vez un hombre de negocios de mucho éxito que dirigía su empresa de manera muy eficiente. Durante diez años, uno de sus empleados había llegado cada día al trabajo a las nueve en punto. Nunca había faltado ni un día al trabajo, ni llegaba tarde. Por eso, un día en que pasaron las nueve sin que llegara este empleado, se produjo una conmoción en la oficina. Todos dejaron de trabajar, y hasta el mismo jefe, mirando su reloj y murmurando por lo bajo, salió al pasillo.

Por fin, a las diez en punto apareció el empleado, con la ropa polvorienta y hecha jirones, el rostro arañado y magullado y las gafas deformadas. Fue cojeando dolorosamente hasta el reloj, marcó su tarjeta de entrada y dijo con voz ronca: "Siento llegar tarde, pero tropecé en el metro y me caí rodando por dos tramos de escaleras. Casi me mato".

El jefe se limitó a decir: "¿Has tardado una hora entera en caerte rodando por dos tramos de escalera?"

Aunque el jefe era un hombre de negocios excelente, carecía de la fundamental cualidad humana de la compasión. Aunque aparentemente había conseguido tanto, no era siquiera capaz de responder de una manera humana ante quien le había servido tan fielmente durante tantos años.

El egoísmo ha llegado a estar tan extendido que necesitamos un ejemplo verdaderamente impresionante de altruismo que nos inspire, como el de Amma. De hecho, tenemos una cualidad en común con Amma. También somos incorregibles, pero de manera distinta. Nosotros somos egoístas incorregibles, mientras que ella es incorregiblemente desinteresada. Si Amma no da *darshan* un día determinado, no le parece que merezca comer. Mientras que nosotros, si no tenemos trabajo, lo consideramos una buena oportunidad para hacer una comida adicional y dormir una buena siesta. Mientras que nosotros sólo estamos interesados en encontrar el modo de reducir nuestro sufrimiento, Amma sufre voluntariamente por el bien de sus hijos.

Recuerdo un incidente ocurrido hace muchos años en el ashram de Amma en la India. Se celebraba la fiesta de Vijaya Dashami, en honor a la diosa del conocimiento, Saraswati. Ese día, muchos devotos traen a sus hijos al ashram para la ceremonia de escritura, con la que Amma inicia a los niños en sus estudios. Desde las nueve de la mañana hasta el mediodía, hubo plegarias especiales, *bhajans,* y Amma realizó la ceremonia de la escritura para cientos de niños. Cuando una niña se acercó a recibir el *darshan* de Amma, la madre de la niña le dijo que su hija siempre tenía fiebre y vomitaba, y rogó que Amma le ayudara a curarse.

Cuando terminaron todas las ceremonias de escritura, Amma se retiró a su habitación, que en aquella época era una pequeña cabaña, e inmediatamente cayó enferma. Empezó a vomitar repetidamente y a tener fiebre muy alta. Amma comentó que era debido a la enfermedad que había tomado de la niña. Dijo que esa niña había estado sufriendo la enfermedad durante muchas vidas, pero que Amma podía consumir el *karma* de la niña en un corto periodo de tiempo.

Todos los discípulos cercanos de Amma acudieron a su habitación y se mostraron muy preocupados por su estado. Estaba previsto que Amma volviera al cabo de un rato a la sala de *darshan* para dar *darshan* a todos los devotos que esperaban sus bendiciones en aquel día auspicioso. Amma dijo que dudaba de poder hacerlo. Uno de los *brahmacharis* fue al templo y anunció a todos los devotos que Amma se encontraba enferma y que, desgraciadamente, se cancelaba el *darshan* de la tarde. Al oír la noticia, los devotos se quedaron abatidos e impresionados, pues Amma nunca había cancelado un *darshan* por enfermedad. Una de las devotas no pudo soportar el dolor de no recibir el *darshan* de Amma y empezó a sollozar con fuerza. Su llanto se convirtió en un intenso lamento de pena y angustia.

La sala estaba a bastante distancia de la cabaña de Amma, por lo que era poco probable que Amma pudiera haber oído físicamente el lamento de esta mujer, pero Amma sin duda alguna lo oyó en su corazón. En ese instante, Amma se olvidó de todas las náuseas, la fiebre, el dolor de cabeza y el cansancio que había estado sintiendo un momento antes, de repente se levantó a toda prisa de la cama y fue rápidamente a la sala a consolar a su hija. Luego se sentó y dio *darshan* hasta bien entrada la noche[12].

Mientras que la mayoría de nosotros sufrimos por nuestras acciones pasadas, los maestros verdaderos como Amma sufren voluntariamente para que los demás no tengan que sufrir: cargan sobre ellos los resultados de nuestras acciones pasadas. De hecho, uno de los 108 Nombres de Amma, recitado a diario en los ashrams de Amma por sus devotos de todo el mundo, puede traducirse por: "La que es feliz cambiando cielo por infierno para alivio de los demás".

A medida que aumenta nuestro altruismo, disminuye el ego de forma natural y resplandece nuestra inocencia intrínseca. Pero tenemos que trabajar para mantener esa inocencia: si no hacemos prácticas espirituales regularmente ni procuramos cultivar los buenos pensamientos, nuestras tendencias negativas latentes pueden alzar la cabeza en cualquier momento y hacernos caer en hábitos y pautas de pensamiento poco sanos.

Quienes hayan leído el libro "El éxito supremo" quizás recuerden la historia del devoto cuyo hijo instaló con la autorización de Amma un puesto de té en los terrenos del ashram hace muchos

---

[12] De hecho, hasta el día de hoy Amma nunca ha cancelado un programa de darshan por sentirse enferma desde que empezó a dar darshan hace más de treinta años. Teniendo esto presente, parece que en esta ocasión Amma comentó que el darshan podría cancelarse con el fin de aumentar el anhelo en el corazón de los devotos.

años. Esa historia tiene ahora un nuevo capítulo, o podría decirse que tiene un nuevo final.

Aunque el devoto era ya de edad avanzada, seguía siendo tan inocente que Amma solía llamarlo Bebé Krishna. Pero cuando Amma le pidió a su hijo que situara el puesto de té en otro lugar por las limitaciones del espacio, este devoto perdió toda su inocencia. Cuando sostuvo ante Amma que tenían que permitirle a su hijo seguir con su puesto de té en el ashram, Amma dijo muy compasivamente que esperara algún tiempo hasta encontrar un nuevo emplazamiento. Pero mientras tanto, un árbol pipal, que se considera sagrado, brotó en una grieta de la pared del puesto de té. En India está extendida la creencia de que allí donde brota un árbol pipal no florecen las actividades mundanas ni los negocios.

Sabiendo esto, un día este devoto echó agua hirviendo al pequeño brote de pipal, esperando que muriera y que así su hijo no tuviera que desplazar el puesto. Al día siguiente, cuando fue a recibir el *darshan* de Amma, ella le preguntó inesperadamente: "Hijo mío, ¿qué le has hecho a ese pobre árbol? No puedes destruirlo, porque ya he hecho un *sankalpa* (resolución divina) para que viva muchos años".

Después de aquello, el devoto se enfadó aún más con Amma y dejó de ir a verla. Incluso difundió falsos rumores sobre Amma, y durante un largo intervalo de quince años, no acudió nunca a ver a Amma. Un desastre natural hizo que volviera a verla.

En diciembre de 2004, cuando el tsunami golpeó la costa, muchas aldeas enteras se refugiaron en las instalaciones que Amma preparó en los edificios de su campus universitario, al otro lado del brazo de mar. Amma visitó los campos de refugiados muchas veces, y en una ocasión se encontró con el devoto al que solía llamar bebé Krishna, que para entonces ya era viejo y débil. Amma se acercó a su cama, le acarició la cabeza compasivamente, le preguntó por su salud y le aseguró que el ashram prestaría toda la ayuda que necesitara su familia.

El destino quiso que este anciano devoto falleciera dos meses más tarde. En aquel momento, Amma comentó que su primera inocencia y devoción habían hecho que pensara en él y deseara verlo una vez más antes de que dejara el cuerpo.

Aquí merece la pena recodar las palabras de Amma: "Aunque hagamos cien cosas malas y sólo una pequeña cosa buena, Amma siempre recordará esa cosa buena y no las malas, mientras que el mundo sólo recordará nuestros errores, aunque hagamos cien cosas buenas y sólo una pequeña cosa mala.

Una vez leí una historia acerca de tres paracaidistas cuyos paracaídas se enredaron en el aire. Por un momento, parecía que los tres iban a morir, pero entonces uno de ellos se dio cuenta de que su paracaídas y el peso de su cuerpo parecían ser los causantes principales del problema, así que se quitó el paracaídas y cayó en picado hacia una muerte segura. Gracias a eso, los otros dos pudieron desenredar su paracaídas, y se salvaron.

Pensemos en el valor y el altruismo necesarios para hacer algo así. Todos vivimos como personas cuyos paracaídas están enredados. Nadie desea sacrificar su propio interés, así que todos sufrimos.

En muchas circunstancias de la vida elegimos inconscientemente ayudarnos a nosotros más que a los demás. Esto es en cierto modo comprensible. En el mundo moderno, muchos consideran que la gratificación personal instantánea es el objetivo y el propósito de la vida. Pero imaginemos la situación del mundo si la Naturaleza funcionara de acuerdo con ese principio. Amma dice que los seres humanos pueden aprender mucho observando a la Madre Naturaleza: "Por ejemplo, pensemos en un manzano. Da sus frutos a los demás, sin quedarse nada para sí. Su propia existencia es para los demás seres vivos. Del mismo modo, un río limpia la suciedad de todos, sin esperar nada a cambio. Acepta de buen grado todas las impurezas y da pureza a cambio, sacrificándolo todo por los demás.

"Hijos, todos los objetos de este mundo nos dan una lección de sacrificio. Si observamos atentamente, encontraremos que todo en la vida es un sacrificio. La vida de cada uno es una historia de sacrificio. El esposo sacrifica la vida por su esposa y la esposa sacrifica la suya por el marido; una madre se sacrifica por sus hijos y éstos por su familia. Cada uno de nosotros estamos sacrificando nuestra vida de un modo u otro. Sin sacrificio no hay mundo".

Además de las prácticas espirituales, como la meditación, *archana* y *bhajans*, Amma anima a todos sus hijos a que se dediquen al servicio desinteresado: "Cuando hacemos algo desinteresadamente por los demás sin esperar nada a cambio, nos volvemos más expansivos. Esa expansión es experimentar el sentimiento de que el Ser que habita en nosotros es el Ser que está presente en todo. Esa es la meta de las prácticas espirituales. La expansión es Dios".

Con esto, Amma está diciendo que si queremos que nuestras mentes sean expansivas, es necesario que lo sean primero nuestras acciones. En cierto modo, es como operar al revés. Los Mahatmas como Amma están establecidos en la unidad con toda la creación; por eso, se sienten inspirados para tratar de mejorar la condición de la humanidad sufriente. Para nosotros, puede ser al revés: si tratamos de mejorar la condición de la humanidad sufriente, al final podemos llegar a experimentar nuestra unidad con toda la creación.

Uno de los primeros proyectos importantes del ashram para el auxilio a las víctimas del tsunami fue la construcción de refugios temporales junto a la playa, como a una milla del ashram. Después del tsunami, muchos simplemente no tenían dónde ir ni dónde dormir. El ashram alojó a muchas personas en la universidad vecina, y muchas otras fueron alojadas en las escuelas locales del gobierno. Pero como las vacaciones de invierno se acababan, el gobierno pidió a la gente que abandonara las escuelas para poder reanudar las clases. Así que era fundamental concluir inmediatamente la construcción de los refugios temporales.

El *brahmachari* encargado de la construcción trabajó día y noche. Cada vez que Amma lo llamaba por teléfono para comprobar el avance de los trabajos, él estaba allí trabajando: a medianoche, a las dos o a las cuatro de la madrugada. En cierto momento, Amma le dijo que durmiera algo, pero él dijo que no podía, pues sabía que cada hora que pasaba sin que se concluyeran los albergues era otra hora en la que las víctimas del tsunami no tendrían un lugar donde descansar.

Amma comentó más tarde sobre este *brahmachari*: "Estaba tan identificado con el sufrimiento de los demás que fue capaz de trascender sus necesidades físicas". Y añadió: "Una madre nunca se cansa de cuidar a sus hijos, pues los considera propios".

Hace unos años, un turista occidental que no sabía nada sobre Amma pasó por el ashram. Se había enterado de que Amma abraza a la gente vestida como la Madre Divina y quería verla con sus propios ojos. Después de inscribirse, los que atendían la oficina de extranjeros le dijeron que fuera a la sección de *seva* para que le asignaran alguna tarea para ayudar a mantener el ashram. Un *brahmachari* que estaba cerca oyó por casualidad la conversación que se mantuvo allí. El coordinador de seva le preguntó: "Bien, tenemos barrer o limpiar las cacerolas. ¿Qué prefieres?"

El hombre respondió: "Humm, no gracias".

"¿Qué quieres decir con 'no gracias'?" le preguntó el coordinador de *seva*.

El visitante respondió: "Lo siento, pero no estoy interesado en hacer ningún trabajo".

"Bien, Amma sugiere que todos aquí dediquen un poco de su tiempo al mantenimiento del ashram".

"Entonces, ¡tal vez me he equivocado de sitio!" Como el hombre empezaba a enfadarse, el coordinador de *seva* no insistió más. El visitante fue luego a ver cómo Amma daba *darshan*, y el *brahmachari* que había escuchado la conversación lo siguió y se puso a hablar con él. "¿No vas a ir al *darshan?*" le preguntó el *brahmachari*.

El visitante respondió estoicamente: "No, sólo voy a mirar" y se quedó allí observando con gran curiosidad hasta el final del *darshan* de la mañana, y cuando Amma subía las escaleras hacia su habitación, dijo: "Es impresionante todo el tiempo que se pasa sentada. Pero, ¿qué es eso de *Devi Bhava?*"

El *brahmachari* le respondió: "Ah, eso es esta noche".

El visitante se sorprendió al oír aquello: "¿Quieres decir que va a volver a salir hoy?"

"Por supuesto –dijo el *brahmachari*– dentro de un par de horas. Luego se sienta toda la noche hasta que pase la última persona".

El visitante no podía creerlo, pero aquella noche lo vio con sus propios ojos. Cuando acabó el *Devi Bhava* a las siete de la mañana del día siguiente el visitante volvió a encontrarse con el mismo *brahmachari* y le dijo: "Ha sido impresionante. ¿Así que Amma hace esto cada mes?"

El *brahmachari* le respondió: "¡No cada mes, sino cada día! ¡Ofrece *Darshan* todos los días y *Devi Bhava* dos veces por semana!" Al oír aquello, el visitante se quedó aturdido. No sabía cómo asimilar esa información.

Al poco rato, Amma salió de nuevo de su habitación y empezó a hacer "*seva* de ladrillos". En aquel tiempo Amma y los residentes del ashram estaban construyendo el salón de oraciones principal con sus propias manos. Amma había enseñado a todos los residentes a hacer ladrillos mezclando arena y cemento en la proporción adecuada, y a todos se les pedía que hicieran diez ladrillos al día. Como siempre, Amma trabajaba junto a los residentes del ashram haciendo ladrillos y luego colocándolos. A menudo empezaba este trabajo casi inmediatamente después de pasarse horas y horas dando *darshan*[13].

En aquella ocasión, después de estar dando *darshan* durante catorce horas, Amma dirigió a los residentes del ashram en el trabajo manual durante unas cuantas horas más. A estas alturas, el visitante estaba totalmente confuso. Al día siguiente parecía aturdido mientras veía a Amma dando *darshan* de nuevo.

Al final de aquella semana, el coordinador de *seva* se acercó al *brahmachari* que había estado hablando con el visitante y le dijo: "¿Sabes lo qué pasó con aquel hombre que no quería hacer *seva*? Esta mañana ha venido cabizbajo y me ha dicho: 'Perdone, señor ¿podría asignarme por favor algún *seva*?'" Este visitante se convirtió en uno de los más formales fregadores de cacerolas del ashram.

Amma dice: "La belleza y el encanto del amor y el servicio desinteresados no debería desaparecer de la faz de esta tierra. El

---

[13] Actualmente, como parte de las tareas de reconstrucción del tsunami, casi todos los residentes del ashram y muchos visitantes de toda la India y del extranjero dedican seis o más horas cada mañana a hacer el actualizado "*seva* de ladrillos". Muchas de las casas que está reconstruyendo el ashram después del desastre no tienen acceso por carretera. Eso supone largas horas de esfuerzo y muchas manos para llevar los ladrillos desde la carretera más próxima a la ubicación de la nueva vivienda. Cada nueva casa necesita unos 13.000 ladrillos. Sólo en las inmediaciones del ashram, se están construyendo para los afectados por el tsunami más de 1.400 casas, de un total de 6.200. Eso supone más de 18 millones de ladrillos que deben pasar de mano a mano de los residentes y visitantes del ashram. Sin embargo, inspirados por el ejemplo de Amma, los residentes trabajan incansablemente, sin desanimarse bajo el sol abrasador o la lluvia. El 27 de septiembre de 2005, con motivo del 52 aniversario de Amma, se terminaron y distribuyeron 1.200 nuevas casas.

mundo debería saber que una vida de entrega es posible, que una vida inspirada por el amor y el servicio a la humanidad es posible".

Que cada uno de nosotros haga, a nuestra modesta manera, todo lo que pueda para asegurar el cumplimiento del deseo de Amma. No es necesario que sea algo espectacular. Cuando mucha gente hace pequeñas cosas, eso supone una gran diferencia.

Poco después del tsunami, los devotos de Amma en Houston, Texas, organizaron una colecta de fondos para ayudar a las víctimas. El acto consistía en una cena india y un concierto de música clásica india. Sólo con la organización de este acto, los devotos lograron cumplir su objetivo de recaudar 25.000 dólares para el fondo de ayuda al tsunami de Amma. Más tarde, uno de los organizadores me dijo: "Cuando me enteré de que Amma había prometido veintitrés millones de dólares para las labores de auxilio, tuve la idea de recaudar 25.000 dólares para este fin, o el equivalente a un uno por mil de la cantidad total. Si los devotos de Amma alrededor del mundo pueden organizar 1.000 sencillos actos de recaudación como este, podemos reunir la cantidad total". Veintitrés millones de dólares puede parecer una cantidad imposible de reunir, pero cuando oímos el punto de vista inocente y optimista de este hombre, no parece tan difícil de creer al fin y al cabo.

Cuando un grupo de periodistas le preguntó a Amma cómo podía prometer una suma tan grande de dinero para las víctimas del tsunami, Amma respondió: "Mis hijos son mi fuerza". No se refería solo a los *brahmacharis, brahmacharinis* y otros residentes del ashram que llegan a trabajar quince horas diarias sin recibir retribución, que se dedican a ayudar a tanta gente como pueden lo más rápidamente posible. Refiriéndose a sus millones de devotos de todo el mundo, Amma dijo: "Tengo muchos buenos hijos. Todos hacen lo que pueden". A continuación describió cómo hasta los más pequeños hacen muñecas o esculturas y las venden para destinar lo recaudado a su querida Amma. "Algunos niños", dijo Amma, "cuando reciben dinero por su cumpleaños o cuando sus padres les dicen que pueden comprarse un helado, dicen que prefieren dar ese dinero a Amma y les cuentan a sus padres que Amma lo destinará a ayudar a los niños pobres. Otros niños se acercan a Amma y le ofrecen sus ahorros, diciéndole que lo destine a comprar lápices para los estudiantes pobres. Amma no desea aceptarlo –pues otros hijos que no tienen nada que ofrecer podrían sentirse tristes– pero cuando Amma ve la bondad de sus corazones, no tiene otra elección. El gobierno por sí sólo no puede hacerlo todo. ¿Darían estos hijos su dinero al gobierno con el mismo amor con el que se lo dan a Amma?"

Durante una de las giras de Amma por el extranjero, vino a verla un hombre que no tenía ninguna formación espiritual. Era un profesional de las carreras de motos, un fumador empedernido y un gran bebedor. Pero cuando Amma llegó, fue a verla por curiosidad, simplemente atraído por su imagen en un folleto de la gira. Dijo que nada más entrar en la sala, sintió una oleada tan abrumadora de energía espiritual que no pudo permanecer en el interior. En su lugar, decidió hacer algo de *seva* en el exterior, pues quería seguir el ejemplo de servicio desinteresado de Amma. Dijo que la única actividad útil que podía hacer era conducir. Así que se dedicó a llevar y traer a la gente de la estación de tren que había cerca de la sala. Cada vez que recogía a alguien en la estación y lo llevaba de nuevo, veía la enorme diferencia en la expresión de sus rostros después del *darshan* de Amma, y una sensación de satisfacción brotaba de su corazón.

Hacia el final de su *seva*, el hombre fue a la estación a recoger a un muchacho con parálisis cerebral que iba en silla de ruedas. El rostro del muchacho tenía tal expresión de sufrimiento y desesperación que el hombre sintió una gran compasión por él. Después, el hombre acompañó al muchacho a la estación tras el *darshan* y lo ayudó a bajar de la furgoneta y a sentarse en la silla de ruedas. Sus ojos se encontraron. Aunque el muchacho no podía hablar, el hombre pudo ver la diferencia en su rostro. Estaba radiante de vitalidad y alegría, como si su vida hubiera empezado de nuevo. Por las mejillas del muchacho silencioso caían lágrimas de gratitud, y trató de tender sus brazos hacia el conductor en señal de gratitud por permitirle recibir esta conmovedora experiencia. De pronto, el hombre sintió una desbordante oleada de lágrimas de gozo que brotaban de lo más profundo, y se puso a llorar como un niño pequeño. Abrazó al muchacho minusválido en su silla de ruedas, y los dos estuvieron un buen rato llorando uno en brazos del otro. Después de esta experiencia, el hombre dijo que había estado varios días sintiendo una paz profunda y duradera.

Todo lo que este hombre había hecho era servir desinteresadamente desempeñando una tarea que ya sabía hacer, pero por la gracia de Amma pudo experimentar una profunda dicha: algo que normalmente requiere varias vidas de práctica espiritual. Hoy en día es un hombre totalmente diferente, que ha dejado todos sus malos hábitos y los ha cambiado por la dulce dicha del amor de Amma.

Dado que es una con el Ser Supremo, Amma no nos necesita para lavar platos o cortar verduras durante sus programas. No nos necesita para llevar a cabo los proyectos altruistas del ashram. En realidad, no nos necesita en absoluto para servir a los demás. Ella nos ofrece la oportunidad de hacer tales cosas por el bien infinito que sabe que esas acciones, si se hacen con amor, cuidado y sinceridad, nos proporcionarán: la expansión que producirán en nuestra mente. Hace muchos años, cuando el ashram empezó a desarrollar proyectos sociales a gran escala, Amma comentó: "En realidad, no estoy interesada en construir un gran ashram o en tener un orfanato o una escuela de ingeniería o un hospital. Hago todas estas cosas sólo por los devotos que van a estar aquí". Ahora, las instituciones de Amma ofrecen a miles y miles una oportunidad de crecer espiritualmente con el servicio desinteresado.

Amma dice: "El servicio desinteresado tiene una gran importancia en el desarrollo espiritual. A través del servicio desinteresado, una persona puede purificarse y estar totalmente preparada para la realización".

Pidamos a Amma que, aunque seamos totalmente ignorantes en cuestiones espirituales, nos dé al menos la fuerza para realizar acciones desinteresadas con un corazón puro, expandiendo poco a poco nuestra mente. Si hacemos esfuerzos sinceros de acuerdo con nuestra capacidad, ella nos recompensará sin duda con la experiencia del gozo interior, y nos guiará hasta la meta final de la realización de la fuente de esa dicha, o Dios, dentro de nuestro corazón. ❂

Capítulo 7

Dejar atrás los búfalos: desprenderse de gustos y aversiones

Las Escrituras dicen que hay una armonía preestablecida en la creación. Aunque los animales maten a otros animales para alimentarse, únicamente están siguiendo la cadena natural de alimentación designada por Dios o la Madre Naturaleza. Para nosotros, cazar o matar un animal es un deporte. Pero si un animal mata a un ser humano, a ese animal no se le considera un gran atleta. Decimos en cambio que el animal es un peligroso devorador de hombres y lo matamos. Sólo los seres humanos creamos discordia en la creación. Saqueamos y destruimos la Madre Naturaleza, contaminamos la atmósfera y cometemos toda clase de delitos, generando caos en el mundo.

La razón principal por la que los humanos actuamos de ese modo es lo que las Escrituras llaman *raga-dvesha* (gustos y aversiones). Toda nuestra vida –casi todo lo que hacemos– está determinado por nuestros gustos y aversiones. Queremos conseguir o poseer aquello que nos gusta, y tratamos de evitar o deshacernos de lo que no nos gusta. Puede ser un objeto, una persona o una situación. Para lograr esos fines, la gente está dispuesta a llegar a cualquier extremo, sin que le importe demasiado los valores morales o espirituales. La frase "es la ley de la selva" se acepta comúnmente como descripción de la naturaleza humana y no del reino animal.

Cuando el doctor receta un medicamento, no le basta con saber si esa medicina en concreto tiene la capacidad de tratar la enfermedad. También debe conocer los efectos secundarios que puede provocar en el paciente. Igualmente, cuando queremos cumplir con un deseo, es probable que sepamos bastante bien qué acciones podríamos llevar a cabo para satisfacer ese deseo, pero no nos paramos a pensar cómo afectará esa acción a otros aspectos de nuestra vida. Por eso nuestra experiencia es a la vez placentera y desdichada. Es el resultado de los esfuerzos por satisfacer nuestros deseos, así como las consecuencias imprevistas de esos esfuerzos.

La mayoría de la gente no se para a pensar en sus incesantes intentos por conseguir lo que les gusta y evitar lo que les disgusta. Pero si analizamos nuestros gustos y aversiones, veremos que en realidad no hay lógica en ellos. Por ejemplo, a una persona le gusta fumar, mientras que otra no puede soportar siquiera el olor a tabaco. A algunos les encanta beber whisky, mientras que otros sienten náuseas hasta con un simple sorbo. Los caracoles son una delicia para medio mundo y algo asqueroso para el otro medio. A alguien le gusta mucho determinada cosa y otra persona siente aversión por esa misma cosa. Más aún, a una misma persona le puede desagradar algo en un momento de su vida, y más tarde gustarle mucho. Si la felicidad formara parte de la naturaleza intrínseca de esos objetos, ¿no deberían dar siempre la felicidad a todos por igual?

Si no existe una lógica tras nuestros gustos y aversiones, eso significa que nosotros, los seres más inteligentes de la tierra, llevamos una vida ilógica e irracional. Por eso las Escrituras califican el conocimiento mundano de inferior y el espiritual de superior. La única cosa del mundo que puede beneficiarnos siempre es el conocimiento de nuestro verdadero Ser. Amma está aquí para ayudarnos a conseguir ese conocimiento supremo, que es la única vía de escape del círculo de nacimientos y muertes. ¿Qué es ese conocimiento? Es el conocimiento de que somos uno con Dios, que es omnisciente, omnipotente y omnipresente.

Adi Shankaracharya señala en su obra *Viveka Chudamani (La joya cumbre del discernimiento)* que es habitual que los animales pierdan la vida al estar esclavizados por alguno de los cinco sentidos. Un ciervo encuentra la muerte cuando se siente atraído por un particular sonido que hacen los cazadores: al acercarse a la fuente de sonido, el ciervo se sitúa al alcance de las armas de los cazadores. La polilla se siente atraída por la luz de la llama y muere abrasada. Las abejas trabajan con diligencia en la recolección del polen y la producción de la miel, y mueren a manos de los seres humanos que desean el fruto de su trabajo. El elefante queda magnetizado ante el toque de otro elefante, y juntos caen en un profundo foso del que no pueden escapar. Si los animales pueden perder la vida dejándose llevar por un solo sentido, Shankaracharya se pregunta cuál podrá ser el destino de los seres humanos, que están esclavizados por los cinco sentidos. Amma nos cuenta la siguiente historia.

Un hombre que pasea por una ciudad desconocida en busca de diversión entra en una casa de citas. En el vestíbulo principal ve tres puertas ante él. Tras la puerta de la izquierda hay un club que sirve alcohol y otras drogas. Tras la puerta central se encuentran las habitaciones de las prostitutas. Tras la puerta de la derecha están las oficinas donde se guardan las ganancias del local. Acordándose de su esposa que está en casa, el hombre se dice: "Será mejor que no vaya con una prostituta. Y tampoco debería tomar drogas ilegales. Pero, ¿qué hay de malo en tomar un par de copas?" Pensando de este modo, el hombre entra en el bar y toma varias copas. Más tarde, embriagado, no duda en tomar drogas. Después de tomar las drogas, sale del club en un estado totalmente desenfrenado. Al ver las habitaciones de las prostitutas, ya no piensa que sea tan mala idea entrar. A la salida del club, roba en la oficina. Al final, el hombre es arrestado por la policía y enviado a prisión.

En la *Bhagavad Gita*, el Señor Krishna declara:

dhyāyato viṣayān puṁsaḥ saṅgas teṣū'pajāyate
saṅgāt saṁjāyate kāmaḥ kāmāt krodho'bhijāyate
krodhād bhavati saṁmohaḥ saṁmohāt smṛtivibramaḥ
smṛti bhraṁśad buddhināśo buddhināśāt praṇaśyati

En aquel que se entretiene en los objetos de los sentidos, aparece el apego por ellos. Del apego nace el deseo, y del deseo surge la ira. De la ira se llega a la falsa ilusión, y de ésta a la pérdida de memoria. A causa de la pérdida de memoria la mente queda incapacitada y, cuando la mente está incapacitada, la persona es destruida.

(II.62, II.63)

Aquí Krishna nos está explicando cómo nuestro profundo apego a los objetos del mundo nos lleva a la destrucción. Como ejemplo práctico, imaginemos un hombre que va andando al trabajo cada día. En su camino se cruza con muchos desconocidos; a algunos los ve a diario, mientras que a otros los ve sólo una vez y no vuelve a encontrarse con ellos. Un día se fija en una mujer atractiva que también se dirige al trabajo. Al día siguiente vuelve a ver a esa misma mujer, y al poco tiempo ya está deseando verla de nuevo. Un día se anima a hablar con ella y le pide una cita. En muy poco tiempo, se enamora y siente que no puede vivir sin ella. Antes de conocerlo, la mujer ya estaba siendo cortejada por otro. Eso genera una intensa rivalidad entre los dos hombres. Un día empiezan a pelearse, y al final los dos son acusados de intento de asesinato mutuo. No hace falta decir que ninguno de ellos se ganó la lealtad de la mujer de sus sueños.

Utilizamos el poder de discernimiento en algunas situaciones, pero no lo aplicamos lo suficiente en relación con los órganos sensoriales. Nos pasamos la mayor parte de la vida simplemente satisfaciendo los deseos de los órganos de los sentidos, convirtiéndonos a menudo en sus esclavos. Pero si observamos a Amma, vemos que es posible llevar una vida más sublime. Hasta en su infancia, Amma nunca permitió que los objetos mundanos la esclavizaran, toda su energía estaba dirigida al servicio de la humanidad sufriente. Una persona corriente es controlada por sus sentidos, mientras que una maestra realizada como Amma los controla.

Dicho de otro modo, tanto una persona arrestada como el presidente del país estarán rodeados por muchos agentes de policía. Pero hay una gran diferencia, pues mientras la persona arrestada es controlada por la policía, en el caso del presidente del país es la policía la que está bajo sus órdenes. Nuestra meta debería ser alcanzar gradualmente ese estado de control sobre la mente y los sentidos.

Tomemos el sencillo ejemplo de la comida. Hay personas que están incluso dispuestas a divorciarse sólo porque su esposa no cocina bien. ¿Parece increíble? Conozco a un hombre que no podía soportar la comida de su esposa y todas las noches iba a cenar a un restaurante cercano. Siempre le servía la misma camarera, acabaron por enamorarse y el hombre dejó a su esposa por la camarera. Vivieron felices hasta que la camarera dejó al hombre por otro cliente. Al final, el hombre se encontró con que era un divorciado que ya no se sentía cómodo en su restaurante favorito. ¡Todos sus problemas empezaron por su deseo de una comida sabrosa!

En el ashram de Amma en San Ramón, California, cada sábado por la tarde se celebra un encuentro de *satsang* seguido de una cena a la que todos aportan algo. Esta cena tiene fama de ser deliciosa, y al ofrecerse a cambio de una pequeña donación, también es la mejor oferta de la localidad. Era tan buena que un hombre venía al ashram sólo por la cena. No asistía a la charla espiritual, a la meditación ni a los *bhajans*, pero aparecía a las ocho de la tarde en punto para la cena. Consideraba que su esposa cocinaba muy mal, y la cena del ashram de San Ramón era el mejor momento de la semana. El hombre continuó así durante meses, y finalmente llegó Amma para pasar dos semanas en el ashram, tal como ha hecho en el mes de junio de los últimos dieciocho años. El hombre no estaba interesado en conocer a Amma, pero no quería perderse su cena favorita de la semana. Uno de los programas de Amma se celebraba un sábado, así que se encontró en el ashram mientras Amma estaba dando *darshan*. Cuando estaba acabando de cenar, alguien le ofreció un número para el *darshan* que le permitía incorporarse directamente a la fila. Como el hombre apreciaba lo que era gratuito y cómodo, decidió ir a recibir el *darshan*. Pensó en pedirle a Amma que bendijera a su esposa para que fuera mejor cocinera, o al menos que diera instrucciones a los residentes del ashram de San Ramón para que ofrecieran su cena comunitaria más de una vez a la semana.

Para gran sorpresa suya, el hombre se sintió muy conmovido por el *darshan* de Amma y no le pidió nada en absoluto. A partir de la semana siguiente, empezó a asistir al programa completo de los sábados, y hasta se puso a servir la cena. Ahora, este hombre no se sirve la cena hasta que todos los demás han comido hasta saciarse.

Así, aunque el abuso de los placeres de los sentidos nos conduce en la mayoría de los casos a la perdición, en este caso la gracia de Amma hizo posible que la debilidad de este hombre por la comida le llevase a la espiritualidad. Desde luego, eso no significa que debamos concentrarnos sólo en comer nuestros platos preferidos y esperar a que Dios se presente ante nosotros.

Dios nos ha dado inteligencia y discernimiento para ayudarnos a escapar del mismo destino de los animales del ejemplo de Shankaracharya. Si no utilizamos estas facultades adecuadamente, los órganos de los sentidos se convertirán en una maldición para nosotros. En el *Dhammapada*, Buda dice:

> *La lluvia podría convertirse en oro,*
> *y aún así no saciaría tu sed.*
> *El deseo es insaciable,*
> *y acaba en lágrimas hasta en el paraíso.*

Actualmente, los órganos de los sentidos apartan de Dios a la mayoría de las personas y causan mucho sufrimiento. No obstante, podemos hacer que esos mismos sentidos se conviertan en una bendición si los utilizamos adecuadamente. Los que se interesan por la espiritualidad se esfuerzan en aplicar adecuadamente su inteligencia y su discernimiento a los objetos de los sentidos, lo que les acerca a Dios y elimina sus sufrimientos.

Desde luego, todos sabemos por experiencia que no es fácil poseer un discernimiento perfecto al utilizar los órganos de los sentidos. Esto se debe a que nuestras tendencias inherentes, o *vasanas*, nos engañan constantemente, haciéndonos creer que sin determinadas cosas nunca podremos ser felices.

Un hombre entra en un bar, pide tres vasos de whisky separados y se los bebe uno tras otro. Después de varios días de hacer lo mismo, el camarero le dice: "Si quiere, le puedo poner los tres vasos en un solo vaso grande.

Pero el hombre le contesta: "No, lo prefiero así. Verá, tengo dos hermanos. Este vaso es para mi hermano mayor; este para mi hermano pequeño y el tercero es para mí. Así puedo imaginar que estamos juntos los tres tomando un vaso de whisky.

El hombre siguió viniendo día tras día, y el camarero siempre le servía el whisky en tres vasos. Un día el hombre le dice: "Hoy sírveme sólo dos vasos.

Preocupado, el camarero pregunta: "¿Le ha pasado algo a alguno de sus hermanos?"

"No, no", responde el hombre. "Los dos están bien. Es que he decidido dejar de beber".

De igual modo, nuestra mente utilizará una lógica distorsionada para justificar nuestros innecesarios deseos. Hasta los deseos que son comunes a casi todos nosotros, como casarse o tener hijos, nos pueden causar problemas si no utilizamos el discernimiento al satisfacerlos. Deberíamos avanzar siempre con cuidado, sin esperar demasiado, y sobre todo deberíamos escuchar los consejos de nuestro Gurú.

En cierta ocasión, durante una de las giras de Amma por el extranjero, un joven ejecutivo con éxito le dijo a Amma que acababa de conocer a una chica, que se había enamorado de ella y pensaba casarse muy pronto. Amma le aconsejó: "No tengas prisa. Piénsalo bien antes de decidirte".

Al año siguiente el joven volvió al *darshan*, esta vez acompañado de una mujer. Amma le preguntó: "Oh, ¿te has casado?"

El joven le contestó: "Sí, Amma, ella me parecía tan irresistible que no pude seguir tu consejo. Nos casamos una semana después de la última vez que te vi".

En la siguiente visita de Amma a la ciudad, volvió a aparecer el mismo joven. Habían pasado tres años desde que Amma le aconsejara que meditara su decisión antes de casarse. Esta vez estaba solo y no parecía tan joven. En realidad, parecía bastante abatido y agotado. Le contó a Amma que su esposa lo había abandonado y había conseguido la mitad de sus bienes en el juicio, gastándose casi la otra mitad en abogados y costas judiciales. Con remordimiento le dijo a Amma que ojalá hubiera escuchado su consejo. Para este joven, la mujer que imaginó que le daría felicidad eterna se convirtió en la causa de lo que seguramente sería su eterno dolor.

Hay otra historia de una pareja de la India que no podía concebir un hijo después de su matrimonio. Siempre que venían a ver a Amma, le decían que querían un hijo. Amma les respondía: "En vuestro caso, es mejor que no tengáis un hijo. Aunque lo tuvierais, no creo que el niño viviera mucho tiempo". Una verdadera maestra como Amma ve el pasado, el presente y el futuro de cada uno de nosotros. Amma veía que debido a su *prarabdha* (*karma*), esta pareja estaba destinada a tener un hijo que moriría joven. Al intentar disuadirlos de su decisión de tener un hijo, Amma trataba de evitar que vivieran esta dolorosa experiencia.

Sin embargo, la pareja estaba tan resuelta a tener un niño que hicieron oídos sordos a las sabias palabras de Amma. Finalmente, le dieron un ultimátum: "Amma, si no nos das un hijo nos suicidaremos. Sin un hijo propio, no queremos seguir viviendo".

Amma les advirtió de nuevo del peligro que les esperaba, pero se mantuvieron firmes. Finalmente Amma accedió a bendecirlos con un hijo. Al cabo de dos años la mujer dio a luz, pero conforme a las palabras de Amma, el niño cayó enfermo a los seis años y murió poco después.

Aunque Amma les había advertido repetidamente, la muerte del niño fue un golpe terrible para la pareja. Se hundieron en una depresión y tuvieron que ingresar en un hospital psiquiátrico. Ahora, con la gracia de Amma, ya casi se han recuperado del golpe.

La sociedad moderna nos dice que el cumplimiento de los deseos es el fin último de la vida, y podemos medir nuestro éxito en función de los objetivos y ambiciones que hayamos podido satisfacer. Pero las Escrituras nos dicen que la vida es mucho más que esto, que en algún momento tendremos que renunciar a todo y centrar toda nuestra atención en el camino espiritual. Cuando una maestra como Amma nos dice claramente que algo que deseamos no nos conviene, deberíamos tratar sinceramente de abandonar ese apego o esos deseos. Los Mahatmas no pronuncian palabras huecas. Tal vez sintamos que no conseguir lo que queremos es una gran tragedia, pero en realidad conseguir lo que queremos puede provocar una tragedia aún mayor.

Eso no quiere decir que el deseo de casarse o de tener un hijo sea malo. No hay nada malo en casarse, tener hijos y perseguir metas mundanas. No están en modo alguno prohibido. Las Escrituras aprueban casarse y tener hijos como una etapa esencial en la vida de casi todo el mundo. Abordada del modo correcto, la vida de familia es una oportunidad para extinguir nuestros deseos y *vasanas*, pero debemos recordar que los deseos no pueden extinguirse por completo si no utilizamos el discernimiento. No debemos nunca pasar por alto lo obvio: que nada de lo que consideramos ahora como propio va a permanecer con nosotros para siempre.

En la *Bhagavad Gita*, el Señor Krishna dice:

dharmāviruddho bhūteṣu kāmo'smi bharata ṛṣabha

Cualquier deseo que no se oponga al dharma,
Yo soy ese deseo.

(VII.11)

Las Escrituras nunca nos piden que suprimamos nuestros deseos y *vasanas*, sino que los superemos utilizando el intelecto, por medio de la lógica y el razonamiento. Si tomamos distancia y analizamos lo que deseamos, veremos que hay limitaciones a la felicidad que nos puede ofrecer cualquier cosa perecedera. Cuando lleguemos a esta firme convicción, los deseos empezarán a desvanecerse lentamente por sí solos. Si reprimimos nuestros deseos y nos obligamos a seguir una disciplina rígida y poco realista, puede que pasemos algunos años en un ashram, pero cuando salgamos querremos casarnos. Antes de ir a vivir a un ashram, antes de seguir una vida de *brahmacharya* (celibato y control de los sentidos en general) debemos estar intelectualmente convencidos de que no deseamos los placeres del mundo, comprendiendo que nunca van a poder darnos una felicidad permanente. Cuando utilizamos este tipo de discernimiento, no hay nada que reprimir; simplemente elegimos un camino distinto.

En una ocasión dos cazadores fueron de expedición a una remota zona salvaje, a la que sólo podía accederse por avión. Alquilaron una avioneta cargada de provisiones que les llevó a la aislada región, y le pidieron al piloto que volviera al cabo de dos semanas. Cuando el piloto volvió, se sorprendió al encontrar a los cazadores esperando con tres grandes búfalos que habían capturado.

"Bien, ya estamos listos para marcharnos", le dijeron al piloto.

El piloto respondió: "¿Qué vais a hacer con estos búfalos?"

"Llevarlos con nosotros, por supuesto. No pensarás que vamos a dejarlos aquí".

El piloto se echó a reír y dijo: "No hay forma de que estos tres búfalos quepan en nuestra pequeña avioneta. Tendréis que limitaros a un solo búfalo".

"¡Oh, no, por favor!", se quejaron los cazadores. "¡El año pasado el piloto nos dejó llevar tres!"

El piloto estaba atónito. "¿De verdad?", preguntó. "Bueno, supongo que si lo hicisteis el año pasado podemos volver a hacerlo este año. Vamos a intentarlo".

Así, embutieron como pudieron dos búfalos dentro de la avioneta, atando el tercero encima de la cola, y se dispusieron a partir. Con gran dificultad, el piloto logró despegar y se esforzó por ganar altura. Pero cuando llegaron a una cordillera elevada no pudieron pasar por encima y el avión se estrelló contra la ladera de una montaña. Afortunadamente no hubo muertes.

Saliendo de los restos de la avioneta, el piloto dijo: "Vaya, estupendo. ¿Y ahora dónde estamos?"

Los cazadores miraron atentamente alrededor, consultaron una brújula, observaron algunos puntos de referencia y los contrastaron en su mapa.

"Sí, sí, creo que sé dónde estamos", dijo confiadamente uno de los cazadores al piloto. Levantando la vista del mapa, añadió: "Debemos estar a unas dos millas al este de donde nos estrellamos el año pasado".

Los búfalos son nuestros apegos y la avioneta es la realidad de la vida. Como los cazadores, seguimos y seguimos apegados a los objetos mundanos, repitiendo los mismos errores, nos "estrellamos y quemamos" al descubrir que la intensidad de nuestro apego por un objeto es desproporcionada a la capacidad que posee para hacernos felices.

En relación con los búfalos y los deseos, un devoto en Estados Unidos me contó lo que le había pasado a un amigo al que le gustaba comer "Buffalo wings" (alitas de pollo). Siempre que tiene oportunidad, se come tantas alitas como puede. Pero al día siguiente, se siente terriblemente mal del estómago, hasta el punto de rodar por el suelo de dolor. Aunque sabe lo que le va a ocurrir, no es capaz de contenerse y evitar atracarse de alitas de pollo una y otra vez.

Sólo los seres humanos se comportan de manera tan ilógica. Al oír esta historia, recordé el comportamiento de una especie de cabra de la India. La cabra va de un lado a otro en busca de hierbas para comer. Algunas hierbas son muy pegajosas. Si la cabra se come esas hierbas, pueden quedar atascadas en su garganta y asfixiar a la cabra hasta morir. Pero si una cabra come este tipo de hierba, las otras cabras, al ver la situación de su compañera, evitan probarla, y no sólo ese día sino a partir de entonces.

Si la paz se encontrara en los objetos externos, ¿acaso no la habrían encontrado hace ya mucho tiempo los más acaudalados y triunfadores? En su discurso en el Parlamento de las Religiones del Mundo del 2004, celebrado en Barcelona, Amma dijo que la única diferencia entre las personas de países ricos y países pobres es que los pobres lloran en el suelo de tierra de sus chozas, mientas que los ricos lloran en las estancias con aire acondicionado de sus suntuosos palacios. Todos nuestros logros y posesiones no parecen capaces de darnos lo que realmente deseamos. Como dijo el filósofo griego Platón: "La pobreza no es la ausencia de bienes, sino más bien el exceso de deseos". Todos buscamos paz y felicidad en objetos y situaciones que no son capaces de dárnoslas.

El proceso de satisfacer los sentidos puede ser comparado a una escalera que desciende. El primer peldaño es nuestro apego a una persona u objeto, el segundo peldaño es el deseo de poseer ese objeto. La ira que sentimos cuando no logramos satisfacer ese deseo es otro peldaño y cuando nos domina la ira, perdemos el discernimiento y podemos fácilmente caer rodando por el resto de los peldaños en la ilusión y la desesperación.

Pero no debemos pensar que no hay esperanza. Hay otra escalera ante nosotros, y esta es ascendente. Nos aleja de los apegos y sufrimientos hasta alcanzar la liberación y la dicha duradera. El primer peldaño de esta escalera es nuestra vinculación con un maestro verdadero como Amma. Cuanto más tiempo pasamos en compañía de un maestro, más apego sentimos por la gozosa presencia del maestro. Aumentar nuestro apego hacia un maestro debilita automáticamente nuestros apegos hacia otras personas u objetos mundanos.

En presencia del maestro aprendemos que podemos sentir paz, contento y satisfacción sin la ayuda de objetos externos. De este modo, nuestra tendencia a perseguir esos objetos se debilita. Esta ausencia relativa de deseos hace que nuestra mente esté menos agitada y sea más pacífica. Esta paz se hace cada vez más profunda en nuestro interior, hasta que llegamos a lo alto de la escalera que lleva a la liberación. En un mundo en el que la mayoría de las personas siguen una espiral descendente, nuestro apego al maestro nos lleva hacia arriba, paso a paso, hasta liberarnos de todo apego y del sufrimiento que lo acompaña. ❖

Capítulo 8

El tesoro del discernimiento

En cierta ocasión, un periodista le preguntó a Amma: "Desde el punto de vista de Amma, ¿qué es lo más importante que ha de tener presente cada día una persona normal?" Amma le contestó: "Lo más importante que hay que tener presente es que mientras hacemos algo en este mundo no actúe solo el intelecto, sino un intelecto que sepa discernir. Saber lo que es la Verdad y lo que no lo es, lo que es bueno y lo que es malo: con esa actitud intentar cumplir con las obligaciones en este mundo".

Cuando Amma dice "discernimiento", no se refiere a la "discriminación", como en la discriminación racial, ni a "discriminar" como hace la refinada sensibilidad de un entendido en arte. En *Viveka Chudamani*, Shankaracharya define *viveka* o discernimiento como "la firme convicción de que solo Brahman es eterno. Todo lo demás es transitorio. Esta convicción es el discernimiento entre lo Eterno y lo efímero".

Por eso, cuando Amma habla de "Verdad y falsedad" no está hablando de darse cuenta de que alguien está mintiendo. Con Verdad se refiere a lo que existe inmutable en los tres períodos del tiempo: pasado, presente y futuro. Lo que es, ha sido y siempre será es sólo el Ser o Atman. Por falsedad, Amma entiende todo lo que es mutable o perecedero; es decir, todo lo que vemos a nuestro alrededor en el mundo. Cuando Amma dice "bueno y malo", con bueno se refiere a cualquier pensamiento, palabra o acción que nos acerque a la meta de comprender nuestra unidad con Dios, y con malo a cualquier pensamiento, palabra o acción que nos aleje de esa meta. Este sentido de discernimiento es el que nos diferencia de los niveles más bajos de la vida. Cómo utilicemos ese discernimiento determinará la dicha de nuestra vida.

Podemos leer acerca de las personas más ricas del mundo y aspirar a estar entre ellas. Pero olvidamos que nuestra cualidad de discernimiento innato vale más que todo el dinero del mundo. Utilizando la facultad del discernimiento y el sentido del *dharma*, podemos llegar a ser uno con el Atman infinito.

Si no utilizamos el discernimiento de la manera adecuada, desperdiciamos la oportunidad que se nos ha dado en este nacimiento humano. La llave del discernimiento está en nuestras manos, nadie nos la está ocultando. Abrir o no con ella la puerta de nuestro potencial depende totalmente de nosotros. Esa decisión depende de cómo afrontemos cada situación de la vida y de cómo empleamos el tiempo que se nos ha dado. Amma dice que aunque perdamos un millón de dólares, podemos recuperarlo, pero si perdemos un solo segundo, lo perdemos para siempre.

Hay una famosa historia en los Vedas que muestra cómo no utilizamos adecuadamente el discernimiento. Un hombre iba por el bosque y se encontró con varios cachorros de tigre. Cuando la madre tigresa lo vio en medio de sus cachorros se abalanzó sobre él. El hombre salió huyendo lo más rápido que pudo; en su precipitación, cayó en un profundo pozo. Mientras caía pudo agarrarse a una raíz que había en la pared del pozo y detener su caída. Desgraciadamente, se dio cuenta de que una pareja de ratones estaba royendo la raíz y que pronto se partiría. Peor aún, las piedras sueltas que caían de la pared del pozo habían despertado a una serpiente pitón grande y amenazante que estaba enrollada en el fondo del pozo y que ahora esperaba pacientemente a que cayera en sus fauces abiertas. Pensó que quizás podría trepar hasta la superficie, pero al mirar hacia arriba vio que allí estaba la furiosa tigresa, esperando para devorarlo en cuanto estuviera a su alcance.

Mientras el hombre seguía asimilando su situación, observó que en su caída había roto parte de una colmena, que ahora goteaba miel fresca justo por encima de su cabeza. Al verlo, se olvidó por completo de todos los peligros que le rodeaban y sacó la lengua para intentar atrapar unas cuantas gotas de miel.

Puede que nos asombre su insensatez, pero nuestra situación no es tan diferente. En lugar de hacer esfuerzos por salvarse, el hombre, que estaba rodeado de peligros por todas partes, se perdió en la búsqueda del efímero placer de la miel. Del mismo modo, estamos rodeados por todas partes de peligros como el sufrimiento, la enfermedad, la vejez y la muerte, pero a pesar de ello no hacemos ningún esfuerzo por trascender nuestras limitaciones y liberarnos del círculo de nacimientos y muertes. Eso demuestra que no empleamos adecuadamente el discernimiento.

Amma dice que en este momento la mayoría de nosotros vamos por la vida medio dormidos. Da el ejemplo de un borracho que vuelve a casa después de una larga noche. Cuando se mira al espejo, ve que su rostro está cubierto de arañazos y heridas. Antes de acostarse, lava y venda cuidadosamente cada arañazo. Por la mañana, su esposa encuentra el espejo cubierto de vendajes.

Aunque estamos físicamente despiertos, nuestro nivel de alerta o de conciencia suele ser muy bajo. ¿Con cuánta frecuencia nos concentramos realmente en lo que estamos haciendo? Mientras desayunamos leemos también el periódico. Mientras hablamos por teléfono, estamos lavando los platos. Mientras leemos un cuento a nuestros hijos, pensamos en nuestros problemas en el trabajo. Y cuando llegamos al trabajo, nos preocupamos por lo que estarán haciendo nuestros hijos en la escuela. Con el advenimiento de la nueva tecnología, nuestra concentración se ha dispersado todavía más. Hasta cuando visitan un templo, los fieles no dudan en contestar a una llamada de su teléfono móvil.

Este bajo nivel de conciencia es la razón por la que repetimos los mismos errores día tras día. Es posible que cada noche nos arrepintamos de haber perdido los estribos y decidamos no volver a hacerlo. Pero en cuanto nos parece que alguien nos ha contrariado, estallamos una vez más. Si estuviéramos realmente alerta y conscientes, recordaríamos nuestra decisión de ser pacientes y la mantendríamos. De la misma manera, existen muchas dietas disponibles y la mayoría de la gente afirma observar una u otra, pero las estadísticas muestran que son muy pocos los que la mantienen realmente. En el momento en que ponemos la vista en un alimento prohibido, nos olvidamos de todas nuestras metas dietéticas.

Amma dice que muchas personas contratan una póliza de seguro de vida para dar cierta seguridad económica a sus familiares. Al firmar la póliza están indicando claramente que saben que su vida es efímera, pero aún así todo el mundo vive como si la muerte fuera algo muy lejano, algo que sólo les llegará a los demás. En la gran epopeya india *Mahabharata*, cuatro de los cinco Pandavas pierden temporalmente la vida durante su exilio en el bosque al beber agua de un lago del que se ocupa un *yaksha* (ser celestial) que quiere poner a prueba a Yudhishthira. Para devolver la vida a sus hermanos, Yudhishthira tiene que contestar a una serie de acertijos planteados por el *yaksha*. En un momento dado, el *yaksha* le pregunta a Yudhishthira: "¿Cuál es la maravilla más grande del mundo?"

Yudhishthira contesta correctamente al acertijo del demonio. "Día tras día innumerables vidas entran en el templo de la Muerte. Al ver este espectáculo, todavía hay personas que se creen permanentes, inmortales. ¿Acaso hay maravilla más grande?"

Por supuesto, es posible que muchos no hayamos visto nunca morir a nadie. Algunos quizás no hayan visto siquiera un cadáver. Pero todos sabemos que cada día mueren muchas personas en el mundo. En este sentido, la muerte forma parte de nuestra vida diaria.

Hay una anécdota sobre un periodista que estaba entrevistando a un anciano con motivo de su 99 aniversario. Al final de la entrevista, el periodista tomó la mano del anciano y le dijo de corazón: "Espero volver a verlo el próximo año y celebrar su centenario".

A estas palabras, el anciano respondió: "No veo por qué no: parece usted bastante sano".

Igual que el anciano de esta historia, casi nunca se nos ocurre pensar que también vamos a morir un día. Así, no tenemos ninguna urgencia en alcanzar la meta de la vida.

Una vez, durante una de las giras de Amma por el extranjero, Amma y un pequeño grupo de personas iban en un avión que se encontró en medio de fuertes turbulencias. Observamos divertidos que la mayoría de los pasajeros habían estado absortos en la película, pero cuando el avión empezó a dar sacudidas y a descender bruscamente, todos se volvieron muy devotos, cerraron los ojos y se pusieron a rezar con gran concentración y devoción. Sin embargo, tan pronto pasó la turbulencia, esos mismos pasajeros era como si volvieran a entrar en razón y a prestar atención a la película. Uno de ellos incluso preguntó a una azafata si se podía rebobinar la película para verla desde donde había quedado interrumpida.

Puede que estos viajeros nos hagan reír, pero ¿acaso no hacemos todos lo mismo con nuestras vidas? Sólo cuando se produce una amenaza o nos acontece alguna calamidad, nos desapegamos algo de los objetos mundanos.

Había dos amigos que desde la infancia jugaban juntos al béisbol. Ambos jugaron en equipos de aficionados hasta que llegaron a una edad en la que eran incapaces de sostener un bate, y seguían la liga profesional con una devoción religiosa. En la residencia de ancianos ocupaban habitaciones contiguas, y al verse asediados por la edad y la enfermedad, acordaron que el primero que muriera trataría de volver para contarle al otro si había béisbol en el cielo.

Una noche de verano, uno de ellos falleció mientras dormía, después de ver aquella tarde a su equipo favorito obtener una imprevista victoria. Al cabo de unas cuantas noches, el hombre que todavía seguía vivo se despertó al oír la voz de su amigo procedente del más allá.

"¿Eres tú?", le preguntó al aire en dirección a dónde procedía la voz de su amigo.

"Claro que soy yo", contestó la voz de su amigo muerto.

"¡Esto es increíble!", exclamó alegremente el anciano que seguía vivo. "Entonces, dime: ¿hay béisbol en el cielo?"

"Bien, tengo una buena noticia y otra mala", le dijo su amigo muerto. "¿Cuál quieres oír primero?"

"Dame primero la buena noticia".

"Bien, la buena noticia es que sí que hay béisbol en el cielo".

"¡Eso es estupendo! ¿Cuál es entonces la mala noticia?"

"Está previsto que tú lances la pelota mañana por la noche ".

La verdad es que un día nos llegará la muerte y no podremos terminar de ver la película, y mucho menos rebobinarla: tendremos que dejarla atrás. Lo único que nos acompañará tras la muerte serán los resultados de nuestras acciones, buenas y malas. Teniendo en cuenta esto, no deberíamos enfadarnos con Dios, sino aferrarnos con más fuerza a Él.

Amma dice a menudo que es fácil despertar a alguien que duerme, pero difícil despertar a quien finge dormir. Lo que da a entender es que todos fingimos estar dormidos. Si observamos cómo vivimos, veremos que es así.

Cada vez que tenemos que elegir entre lo que sabemos que nos beneficiará espiritualmente y lo que nos resulta más cómodo o fácil, la mayoría de las veces elegimos lo que es más cómodo.

Hasta los psicólogos reconocen que, por lo general, sus pacientes prefieren sentirse aliviados más que encontrar una solución real a sus problemas; para solucionar de verdad sus problemas tendrían que cambiar su modo de actuar y de reaccionar ante el mundo.

Algunos argumentan que puesto que el mundo fue creado por Dios, no hay nada que sea bueno o malo, y por tanto podemos ser libres de hacer lo que deseemos. Si analizamos detenidamente ese argumento, podemos ver fácilmente el error. Por ejemplo, muchos animales sólo sobreviven devorando a otros animales. En la naturaleza se encuentran drogas que tienen efectos estupefacientes. ¿Significa eso que es muy natural tomar drogas o cometer un asesinato?

De igual modo, Dios creó frutos sanos y otros venenosos. ¿Vamos a tomar bayas venenosas con tanta celeridad como las fresas, diciendo que son naturales? Y sin embargo, cuando tomamos una decisión no del todo noble, con frecuencia justificamos nuestra conducta diciendo: "es natural".

Puede que sea así, pero la espiritualidad no consiste en actuar de manera natural. De hecho, consiste en trascender nuestra naturaleza inferior y animal. Se ha dicho que no somos seres humanos con experiencias espirituales, sino seres espirituales que tenemos la experiencia de lo humano.

En los primeros tiempos del ashram, Amma insistía en que todos los residentes se levantaran a las cuatro de la mañana, independientemente de la hora a la que se acostaran. De modo que generalmente todas las luces del ashram se apagaban antes de las once de la noche. Una de estas noches, Amma me llamó a su habitación hacia las diez y media de la noche. Cuando llegué, estaba hablando con una familia y esperé fuera. Pero a las once la familia todavía seguía allí. Aunque sabía que lo correcto era obedecer las instrucciones de Amma, también sabía que tendría que levantarme a las cuatro de la mañana, por muy tarde que me quedara levantado esperando para ver a Amma. Así, pocos minutos después de las once de la noche, volví a mi cabaña y me puse a dormir. Cuando abrí los ojos no eran las cuatro, sino las siete de la mañana.

Más tarde me enteré que alrededor de la medianoche, Amma pidió a alguien que mirara si yo seguía esperando, pero cuando le dijeron que me había ido, no pidió que me llamaran de nuevo, sino que dijo: "Dejadlo dormir". Al ignorar lo que yo sabía que era correcto, me perdí la oportunidad de estar con Amma, así como las plegarias de la mañana siguiente.

Esta historia ilustra una cuestión importante: Cuando fingimos estar dormidos, existe un gran peligro de que nos quedemos dormidos de verdad. Si satisfacemos algún apetito, aunque quizás al principio recordemos que la verdadera felicidad no reside en eso, al poco tiempo podemos encontrarnos totalmente atrapados por ello, olvidándonos de Dios y del verdadero fin de la vida.

Debemos ser valientes. No nos escondamos en la profundidad del saco de dormir de la ignorancia. En su lugar, aceptemos la realidad de que nunca obtendremos verdadera satisfacción del mundo, y que la espiritualidad es la única solución. Levantémonos y sigamos el *dharma* supremo, avanzando con discernimiento. ✤

Capítulo 9

El secreto del éxito

Amma dice: "Todos recibimos educación para ganarnos la vida, pero no educación para la vida". La espiritualidad es esa educación para la vida, y es la verdadera base de la vida. Si construimos esa base a una temprana edad, por medio de la comprensión de los principios espirituales, no tropezaremos ni caeremos al afrontar las tribulaciones de la vida. Una de las piedras angulares de la vida espiritual es la autodisciplina. Nadie quiere saber nada de autodisciplina, pero quienes no la tienen acaban por descubrir lo importante que es. Hasta los que suben muy alto en la escala de la fama, el prestigio, el poder y la riqueza, acaban por sucumbir ante placeres o tentaciones triviales, cayendo víctimas de la difamación y la angustia. Quizás fuera eso lo que inspiró a la actriz americana Katharine Hepburn para expresar la idea de "sin disciplina no hay vida".

Para lograr un verdadero progreso espiritual la autodisciplina es esencial. No se trata de castigarnos, ni de llevar una vida restrictiva. La autodisciplina es la capacidad del individuo para atenerse a acciones, pensamientos y conductas que contribuyan a su desarrollo personal, en lugar de procurarse una gratificación instantánea. La falta de autodisciplina es la principal causa de nuestros fracasos, tanto en la vida personal como en la profesional.

Una vez una mujer se acercó a un hombre frágil, lleno de arrugas y de pelo canoso, que se balanceaba en una silla de su porche.

Le dijo: "Perdone, señor, pero no he podido evitar darme cuenta de lo feliz que parece. ¿Cuál es su secreto para tener una vida larga y feliz?"

"Verás, hija mía –respondió el hombre con una sonrisa desdentada–, fumo tres paquetes de cigarrillos al día, bebo una caja de whisky a la semana, tomo comidas pesadas, escucho música heavy-metal y nunca hago ejercicio".

"¡Es asombroso!", dijo ella. "Nunca había oído hablar de un secreto así para la longevidad. ¿Qué edad tiene?"

"Veintiséis años", dijo el hombre.

La autodisciplina es muy parecida al sistema operativo que usamos para nuestros ordenadores. Un ordenador sin sistema operativo es como una persona que carece de disciplina. Ambos tienen un tremendo potencial y poder, pero no pueden funcionar adecuadamente. A diferencia del ordenador, se nos ha bendecido con el regalo de la libre voluntad, pero sin autodisciplina somos vulnerables a los virus de la gratificación instantánea, las excusas y los malos hábitos.

El filósofo griego Aristóteles dijo: "Considero más bravo a quien vence sus deseos que a quien conquista a sus enemigos, pues la victoria más difícil es sobre uno mismo". No siempre es fácil comprender lo beneficioso que es mantener una vida disciplinada, pues a menudo parece más agradable, provechoso y conveniente hacer lo contrario.

Desde los primeros tiempos del ashram, formaba parte de nuestra disciplina despertarnos a las cuatro de la mañana, bañarnos y reunirnos para recitar los 1000 nombres de la Madre Divina. Un día, al poco tiempo de vivir en el ashram, me desperté a las cuatro y noté que hacía bastante frío, pues había estado lloviendo todo el día anterior. Como no había más que agua fría, decidí saltarme el baño e ir directamente al *archana* de la mañana. Pensé en bañarme tan pronto el aire calentara un poco el agua. La lluvia continuó ese día y varios más, y yo seguí con mi nueva práctica de ir al *archana* sin bañarme antes. Al cabo de unos días, cuando salí para ir al kalari[14] para el *archana*, encontré un gran cubo de agua caliente junto a la puerta de mi cabaña. Me sorprendió, pero como no quería desaprovechar la oportunidad, lo llevé de inmediato al cuarto de baño y me duché. Más tarde pregunté a los otros *brahmacharis* para averiguar quién había sido el buen samaritano que me había calentado el agua. Ninguno sabía nada. Cuando vi a Amma aquella tarde, me preguntó como de pasada: "¿Has disfrutado del baño esta mañana?" Eso no dejaba lugar a dudas sobre quién había puesto el agua caliente allí para que me duchara. Me dolió pensar en Amma trabajando para calentar el agua sobre un fuego de leña sólo para que yo estuviera dispuesto a seguir la disciplina del ashram de bañarse antes del culto matinal. Me di cuenta entonces de que un Gurú está dispuesto a hacer cualquier cosa para corregir al discípulo, y después de eso nunca he dejado de ducharme por la mañana, por mucho frío que haga.

Por supuesto, no podemos aprovecharnos de la humildad y la paciencia de Amma para vivir más cómodamente. Si me hubiera limitado a esperar a que Amma me trajera un cubo de agua caliente cada mañana, estoy seguro de que ella habría cambiado rápidamente de táctica. De hecho, unos años más tarde, cuando otros muchos *brahmacharis* ingresaron en el ashram, algunos adquirieron la costumbre de dormir durante el *archana* a pesar de las continuas advertencias de Amma. Finalmente, Amma tuvo que recurrir a medidas drásticas. Una mañana entró en la sala donde estaban durmiendo y los salpicó a todos con agua fría. Más tarde Amma dijo: "Todos vosotros habéis venido aquí con la intención de realizar a Dios. Por tanto, el deber de Amma es

---

[14] En el Sanatana Dharma, kalari significa cualquier lugar de adoración en el que no hay instalada una deidad. Ese fue el nombre dado al templo original del ashram, que no era mucho mayor que un vestidor y que era el establo reformado de la familia de Amma. Retrospectivamente, resulta asombroso pensar que Amma, que ahora celebra a menudo sus programas en anfiteatros y estadios, pueda en una época haber dado *darshan* en un espacio tan reducido.

haceros conscientes de vuestros errores y ayudaros a superarlos. Si os mostráis perezosos en asuntos de poca importancia, ¿cómo vais a alcanzar la Liberación?"

A lo largo de los años ha seguido aumentando el número de personas que vienen a ver a Amma en Amritapuri (y alrededor del mundo), y el *darshan* acaba cada vez más tarde. Hace unos dos años, el *darshan* de la "mañana" empezó a alargarse hasta pasadas las seis y media de la tarde, que es la hora en la que Amma suele ir a cantar *bhajans*. Cuando Amma tiene que dar *darshan* hasta las siete o las ocho, no le es posible acudir a los *bhajans*. No obstante, los swamis acuden a cantar y se espera que asistan todos los *brahmacharis* y residentes del ashram, excepto los que están ayudando directamente en la cola del *darshan*. Sin embargo, los días en que Amma estaba dando *darshan* durante los *bhajans* de la tarde, algunos *brahmacharis* no acuden, y hacen en cambio algún trabajo o se sientan solos a meditar. Una tarde, Amma acabó el *darshan* cuando iban a dar las siete. Como ya era tarde, muchos pensaron que Amma no iría a los *bhajans* y cada uno se fue por su lado. Pero cuando Amma bajó por la escalera de caracol desde la sala de *darshan*, no giró a la derecha para ir a su habitación como todos esperaban, sino que giró a la izquierda y fue directamente a la sala de *bhajans*. Ni siquiera se tomó el tiempo de cambiarse de ropa o lavarse la cara. Como muchos *brahmacharis* no esperaban que Amma fuera a los *bhajans*, no acudieron. Sólo cuando oyeron la voz de Amma por los altavoces se dieron cuenta de que estaba allí, y vinieron todos corriendo. Ver a Amma sentada en el estrado con el pelo revuelto y el sari manchado de las lágrimas y el maquillaje de los miles de devotos que había abrazado aquel día era algo que les partió el corazón a todos, y rápidamente aprendieron la lección que Amma trataba de impartirles. Si ella podía atenerse a la disciplina del ashram incluso después de un *darshan* tan duro, ¿quién podía excusarse para no hacer lo mismo? Ahora, aunque Amma dé *darshan* hasta bien entrada la noche, todos los *brahmacharis* van a los *bhajans*. Y aún así, Amma hace todo lo posible por asistir a los *bhajans*. Hasta ha empezado a llegar una hora antes al *darshan* de la mañana, y en cuanto acaba va directamente a la sala de *bhajans*.

El éxito en la vida llega cuando no sucumbimos a lo que queremos hacer, sino que nos levantamos para ocuparnos de lo que tiene que hacerse. La mayoría de nosotros sólo quiere hacer lo que le gusta. Para progresar espiritualmente, debemos aprender a que nos guste lo que tenemos que hacer. Para llegar a ese punto, podemos empezar comprometiéndonos a hacer lo que necesite hacerse, tanto si nos gusta como si no. Si nos disciplinamos de este modo, empezaremos a disfrutar de manera natural de lo que es necesario en cualquier situación: no haciendo lo que nos gusta, sino complaciéndonos en lo que se nos pida que hagamos.

No podemos vivir sólo con las emociones, para alcanzar cualquier meta necesitamos añadir disciplina. Así como la disciplina externa hace que todo vaya sobre ruedas en el mundo exterior, la disciplina interna nos ayuda a crear orden en nuestra mente, que puede entonces ser dirigida hacia la meta suprema de la realización del Ser. ❖

Capítulo 10

La acción, la experiencia y más allá

A mma dice que nuestra vida cotidiana está compuesta de dos elementos fundamentales: la acción y la experiencia. Si sabemos cómo actuar correctamente y cómo abordar las experiencias, nuestra vida puede ser relativamente pacífica.

Actuar correctamente significa actuar sin apegarse al resultado. En la *Bhagavad Gita,* el Señor Krishna declara: *yogah karmasu kausalam*, que significa "la destreza en la acción es yoga". Aquí, Krishna no sólo quiere decir que debamos ser buenos realizando una determinada tarea. En ese caso, cualquier hábil comerciante sería un yogui. Cuando Krishna habla de destreza en la acción se refiere realmente a mantener la ecuanimidad mental, al margen del resultado de las acciones que hagamos. Por supuesto, eso no significa que no necesitemos ningún talento o habilidad. Por ejemplo, algunos no se preparan bien para un examen y no les molesta en absoluto cuando suspenden. Esto no puede considerarse yoga. Se llama yoga a esforzarnos al máximo sin preocuparnos ni sentirnos ansiosos por el resultado de nuestra acción. La destreza en la acción consiste en trabajar sinceramente sin permitir que la mente se aleje del momento presente. Eso es lo que significa "realizar la acción por la acción misma".

Por supuesto, si nos presentamos a un examen, todos esperamos aprobar, y no vamos a ir a una entrevista de trabajo si no esperamos que nos contraten. Sin ninguna clase de expectativa, podríamos perder toda nuestra motivación hasta para realizar buenas acciones. Así, en lugar de no esperar ningún resultado, es mejor estar preparados para cualquiera resultado. Es decir, podemos esperar que nos contraten, pero también que no nos contraten. Tal vez pensemos que es más fácil dejar totalmente de actuar. Pero, como seres humanos, la verdad es que siempre estamos actuando, desde el momento del nacimiento hasta la muerte. Uno de los devotos de Amma solía alardear de su hábito de dormir doce horas o más cada noche. Lo consideraba un servicio a la humanidad. "Al menos durante ese tiempo no hago ningún daño a nadie", me dijo. Pero la verdad es que no podemos evitar la acción, pues forma parte de la naturaleza de estar vivo. Hasta cuando dormimos, nuestro cuerpo está realizando acciones involuntarias a nivel fisiológico: nuestro corazón está latiendo, nuestros pulmones toman aire y nuestra sangre lleva oxígeno y nutrientes por todo el cuerpo.

En la *Bhagavad Gita*, el Señor Krishna dice:

na hi kaścit kṣaṇam api jātu tiṣṭhaty akarmakṛt
kāryate hy avaśaḥ karma sarvaḥ prakṛtijair guṇaiḥ

Nadie puede permanecer realmente inactivo ni siquiera un momento, pues todos son impulsados sin remedio a la acción por las cualidades de su naturaleza innata.

(III.5)

Además de las acciones físicas y fisiológicas, también realizamos acciones a nivel mental, ya que incluso el pensamiento es un tipo de acción. Aunque tratemos de permanecer tranquilos, nuestra mente corre del pasado al futuro y a la inversa. Mientras nos identifiquemos con el cuerpo, la mente y el intelecto, estamos sujetos a las leyes de la naturaleza y somos impulsados a la acción.

Aceptado este hecho, vale la pena comprender cómo actuar de forma correcta.

Por ejemplo, algunos compran un billete de lotería cada semana. Aunque no ganen ningún premio, no se sienten decepcionados y siguen intentándolo. Por supuesto, no quiero decir que tengamos que comprar lotería. No es más que un ejemplo para mostrar que aunque no den resultado nuestros esfuerzos por conseguir algo determinado, no debemos sentirnos frustrados ni deprimidos. Mientras exista una buena posibilidad de éxito, debemos seguir intentándolo. Si nos esforzamos sinceramente y tras varios intentos seguimos sin conseguirlo, debemos aceptarlo con una actitud positiva.

Esto nos lleva a otro elemento fundamental para llevar una vida pacífica: enfocar nuestras experiencias de un modo correcto, de manera que cada una de ellas nos ayude a crecer espiritualmente y no altere nuestra ecuanimidad. Amma dice que podemos hacerlo de varias maneras.

Un devoto tratará de ver todas las experiencias, tanto las positivas como las negativas, como procedentes de Dios o del Gurú. Al hacerlo así, no nos estamos engañando. Aunque son el resultado de nuestro *karma*, la ley del *karma* está funcionando sólo a causa de Dios. Así que de manera indirecta, vienen de Dios. Hasta los que no tienen fe en Dios o en las leyes espirituales creen que, a largo plazo, si hacemos algo bueno obtendremos un buen resultado, y si hacemos algo malo obtendremos un mal resultado. Todo el mundo está de acuerdo en que el resultado tal vez no llegue inmediatamente. La única diferencia entre esta concepción de sentido común y la perspectiva espiritual es que, de acuerdo con la ley del *karma*, el resultado puede no llegar siquiera en esta vida. Por eso vemos a algunas personas que sufren tanto aunque no parece que hayan realizado nada malo en toda su vida, mientras que otros que sólo llevan a cabo acciones perjudiciales parecen prosperar. En este caso, la única explicación es que cada uno está experimentando los resultados de las acciones que ha realizado en vidas pasadas. Más tarde, ya sea en esta vida o en la siguiente, esa persona tendrá que experimentar los resultados de las acciones que esté realizando ahora, tanto si son dolorosas como agradables.

Un hombre se disponía a leer el periódico cuando oye que llaman a la puerta. Al abrir, se encuentra con un caracol. "Buenas tardes", dice el caracol. "Estoy haciendo una colecta para el Fondo Benéfico de caracoles. ¿Quiere usted hacer un donativo?" La respuesta que obtiene el caracol es una patada que lo aplasta.

Dos semanas después, vuelven a llamar a la puerta. El hombre se encuentra con un nuevo caracol en la entrada. "¡Aquello que hizo no fue muy amable de su parte!", exclama el caracol.

Todo lo que nos sucede es nuestro propio *prarabdha*, o el resultado de nuestras acciones pasadas que tenemos que experimentar en esta vida. Todos conocemos la expresión "No mates al mensajero". Esta expresión tiene sus orígenes en la guerra, cuando un bando enviaba a una persona desarmada a entregar un mensaje al enemigo. Era comúnmente aceptado que el mensajero no debía ser castigado aunque entregara noticias desfavorables, pues se limitaba a cumplir con su deber. Podemos adoptar una actitud similar hacia aquellos que nos maltratan, viendo en el que nos critica o nos maltrata como un simple mensajero que nos trae los resultados de nuestras propias acciones pasadas. La ley del universo dicta que si no hemos hecho nada para merecer desdichas en esta vida o en una vida anterior, no sufriremos ninguna desdicha. Por lo tanto, no tiene sentido enfadarse con quien nos maltrate. De hecho, hasta podríamos sentirnos agradecidos con esa persona por ayudarnos a agotar el *prarabdha* que nos queda.

Al mismo tiempo, debemos recordar que en cualquier experiencia dolorosa o desagradable siempre hay algo que aprender. Aunque se nos culpe injustamente de algo, podemos aprender de nuestra reacción. Podemos aprovechar esa situación como una oportunidad para desarrollar más amabilidad, paciencia y amor.

Hace muchos años, me encontraba a cierta distancia de donde Amma estaba dando *darshan* y empecé a discutir con un devoto. Ya no recuerdo el motivo de la discusión, pero sí que Amma me interrumpió de pronto y me llamó a su lado. Cuando llegué me dijo: "Tu cara parece la de un *ondu* (un tipo de lagartija de Kerala, famosa por ser especialmente fea).

Cuando Amma dijo eso, me sentí bastante desconcertado. Pensé: "Al fin y al cabo, mucha gente me ha dicho que soy bien parecido. ¿Por qué Amma me dice lo contrario?"

En los días siguientes, Amma me llamó varias veces y me dijo lo mismo. Aunque me sentía disgustado, no reaccioné exteriormente, sino que me limité a aceptar las palabras de Amma. Cuando me lo dijo por tercera vez, de pronto un incidente de mi pasado apareció ante mis ojos. Había ocurrido hacía muchos años, antes de conocer a Amma, cuando todavía estaba en la facultad. En aquel tiempo tenía un amigo con un aspecto un tanto peculiar. Un día, de repente le dije: "Eh, tu cara parece la de una rata". Se lo dije sin pensar, pero mi amigo se lo tomó muy en serio. Después de ese incidente dejó de hablarme durante varios días, y cuando lo veía me daba cuenta de que había estado llorando.

Finalmente, se acercó y me confesó: "Ramakrishna, lo que dijiste me ha herido mucho. Nunca me había sentido tan mal en la vida como cuando dijiste aquello". Le pedí disculpas, pero nuestra relación ya no volvió a ser la misma, y era evidente que estaba profundamente dolido por lo que yo le había dicho.

Se dice que hacer llorar a una persona inocente es uno de los medios más seguros para impedir que nos llegue la gracia de Dios. Al recordar aquel incidente, comprendí que esa era la forma en que Amma agotaba el *karma* negativo que habían generado aquellas palabras tiempo atrás. A partir de ese momento fui capaz de aceptar las palabras de Amma sin ningún rastro de negatividad en mi corazón.

Los que tienen fe en Dios siempre piensan que es Dios quien dispensa los resultados de nuestras acciones. Por lo que respecta a un auténtico buscador o un perfecto devoto, no hay dolor ni placer: todo es un regalo de Dios o una bendición del Gurú. Se cuenta una historia sobre un famoso rabino llamado Zushia que vivió hace unos doscientos años. El rabino Zushia era muy reverenciado por llevar una vida piadosa, sencilla y de gran devoción. En un pueblo cercano al domicilio del rabino Zushia había una escuela rabínica. Los estudiantes estaban estudiando el *Talmud* y llegaron al pasaje que dice: "Debemos dar gracias a Dios por lo bueno, así como por lo malo". Los estudiantes estaban extrañados. Agradecer a Dios lo bueno es comprensible y razonable, pero ¿darle gracias por lo malo? Eso no tenía ningún sentido.

Así que plantearon la cuestión al decano de la escuela. El decano se acarició la larga barba y meditó la pregunta. "Esta es una pregunta que sólo puede responder el rabino Zushia. ¡Id a su casa a preguntarle!"

El rabino Zushia vivía en una zona apartada fuera del pueblo. Los estudiantes caminaron más allá de los límites del pueblo y se adentraron en el bosque. Siguiendo un estrecho sendero, enseguida llegaron a una choza destartalada que era la morada del rabino. Las ventanas estaban rotas, el techo precisaba ser reparado y las paredes estaban agrietadas. Cuando el rabino Zushia los recibió y los invitó a pasar, vieron que vivía en la miseria más absoluta. Las pocas sillas que había estaban cojas y los demás muebles eran baratos o estaban en mal estado.

El rabino se disculpó por no tener nada que ofrecerles y les preguntó si les bastaba con un vaso de agua caliente.

Los estudiantes le explicaron que lo visitaban para hacerle una pregunta: "¿Por qué se dice en el Talmud que debemos agradecer a Dios tanto lo bueno como lo malo?"

El rabino replicó: "¿Por qué habéis venido a hacerme esa pregunta? Yo tampoco la comprendo. Nunca me ha pasado nada malo. ¿Es posible que Dios haga algo malo?"

Un devoto siempre tiene fe en que Dios sabe exactamente lo que necesita y que siempre se lo proporcionará. Hasta las experiencias amargas son aceptadas porque sabe que son por su bien, del mismo modo que estamos dispuestos a tomar una medicina amarga porque sabemos que curará una enfermedad.

Desde el punto de vista del Vedanta, la más alta filosofía espiritual del Sanatana Dharma, hay otro estado más allá de la acción y de la experiencia llamado *sakshi bhava*, o el estado del testigo. En ese estado no sólo no nos identificamos con el resultado de las acciones, sino que no nos identificamos con las acciones mismas. Cualquier cosa que hagamos es una respuesta espontánea a las circunstancias que se presenten ante nosotros. Haremos lo que sea preciso en una situación dada, pero en este estado permanecemos como testigos tanto de nuestras acciones como de nuestras experiencias. Sólo nos identificamos con el Atman, la Pura Conciencia que ilumina todo en la vida.

Por supuesto, en este momento no nos es posible hacer eso. Cuando tenemos hambre o cuando comemos o sentimos dolor, nos identificamos con el cuerpo. Cuando estamos enfadados o tristes, nos identificamos con la mente. Y cuando adoptamos algún tipo de decisión, nos identificamos con el intelecto.

La puerta que conduce al estado de testigo está ahí, frente a nosotros, oculta en esas actividades cotidianas que absorben mucha de nuestra energía y atención.

Cuando tenemos hambre, sabemos: "Tengo hambre". Cuando estamos enfadados, sabemos: "Estoy enfadado". Y cuando estamos confusos, sabemos: "Estoy confuso". Eso significa que el cuerpo, la mente y el intelecto son objeto de nuestra observación. Por cada objeto de observación, tiene que haber un sujeto que sea consciente del objeto. Esa conciencia, el sujeto eterno, es nuestro *Atman*, nuestro ser verdadero. Identificarse con ese estado es el auténtico *sakshi bhava*.

Consideramos que la conciencia en nuestro interior está separada de la conciencia de la persona que está a nuestro lado. Pero los antiguos sabios se adentraron en su interior y encontraron que esa conciencia subjetiva no pertenece a nadie en particular: es la misma en todos los seres.

Amma señala que incluso en nuestra vida cotidiana nos encontramos con esta gran verdad. Cuando nos presentamos a nosotros mismos, decimos "soy Juan" o "soy Lakshmi". También podemos añadir "soy cristiano", "soy judío" o "soy abogado", "soy monje", etc. En todas estas aparentes diferencias, vemos que el "soy" es común. Ese "ser" no es diferente en cada persona, sino que es el mismo Ser que está presente como conciencia en todos los seres. Amma pone el ejemplo de ver pasar un cortejo fúnebre. Cuando la persona estaba viva, habríamos dicho: "Ahí va Pedro", pero ahora que la persona está muerta no decimos eso. Decimos en cambio: "Ahí va el cadáver de Pedro". Eso significa que Pedro no es el cuerpo sino algo más allá del cuerpo. Incluso cuando alguien está vivo, hablamos de modo parecido. Así diremos: "Tiene un cuerpo muy fuerte" o "tiene una mente débil". También: "Ella tiene un intelecto muy agudo". Pero nunca nos paramos a pensar quién es ese él o ella del que hablamos.

Lo sepamos o no, reconocemos que siempre hay algo más allá del cuerpo, la mente y el intelecto. Pero somos incapaces de incorporar este hecho a nuestra experiencia directa.

Respecto a esto, Amma cuenta la siguiente historia: Una mujer pierde a su hijo en un accidente de coche, y como es comprensible, está consternada. Su vecina la consuela citando las Escrituras y las enseñanzas de los maestros realizados, diciéndole: "Tú no eres el cuerpo, tú eres el Atman. El Atman está presente en todo y nunca nace ni muere. Por tanto, ¿adónde podría ir tu hijo?"

La apenada madre encuentra mucha fuerza en los consejos de su vecina. Un mes más tarde, el marido de su vecina muere en un accidente laboral. Entonces, la mujer que había perdido a su hijo un mes antes trata de consolar a su vecina con la misma sabiduría espiritual que su vecina le había recordado un mes antes. Pero ahora la vecina se muestra inconsolable. La mujer le dice: "¡El mes pasado me dijiste todas estas verdades espirituales! ¿Por qué no las escuchas ahora?"

"Eso fue cuando murió *tu* hijo", explicó la mujer. "¡Pero ahora se trata de *mi* marido!"

De igual modo, es fácil ser testigo de las experiencias de los demás, pero cuando se trata de nuestra propia experiencia, la cosa cambia.

Había una vez un pandit que enseñaba clases de Vedanta en un ashram en el bosque. El pandit repetía una y otra vez a sus estudiantes: "Sólo el Atman, el Ser, es eterno. Todo lo demás es *maya* (ilusión). Nunca caigáis en la trampa de *maya*". De pronto, apareció un gran elefante macho de largos y afilados colmillos que se abalanzaba violentamente hacia el ashram desde el bosque. Dado que el pandit estaba sentado en un estrado frente al bosque, fue el primero en ver acercarse al elefante. También fue el primero en empezar a correr. Al verlo correr, todos los estudiantes se levantaron y corrieron tras él. Cuando se hubieron puesto a salvo, uno de los discípulos dijo: "¡Maestro, no sabía que corrieras tan rápido! Por cierto, estabas diciendo que todo es *maya*, pero si todo es *maya*, ¿por qué te pusiste a correr al ver al elefante?"

El pandit, que ya había recobrado la compostura, dijo tranquilamente: "Es cierto que el elefante es *maya*, pero también mi huida era *maya*. El pandit era capaz de enseñar desde el intelecto, pero ante la presión de las circunstancia carecía de la fuerza mental para actuar de acuerdo con sus enseñanzas.

De manera parecida, leí una historia real sobre la reciente realización de una película que aborda las últimas horas de Cristo. Durante el rodaje, el actor que interpretaba a Jesús fingía estar siendo flagelado por especialistas que blandían látigos de cuero de verdad, soportando el castigo con la paciencia y dominio de sí propias de un ser espiritual. Por accidente, uno de los especialistas golpeó de verdad al actor con el látigo. Como podríamos haber hecho cualquiera de nosotros en una situación parecida, el actor lanzó inmediatamente un grito de dolor e insultó furioso al especialista.

Es fácil fingir que somos pacientes y que no guardamos rencor, pero ante circunstancias adversas por lo general volvemos a caer o nos lanzamos de cabeza en nuestras cualidades negativas de rabia e impaciencia. Cualquiera puede citar las Escrituras y decir: "Soy la Suprema Conciencia", pero ¿quién de nosotros puede ponerlo en práctica y manifestar auténticas cualidades divinas en todas las circunstancias de la vida?

Una persona cuya mente sea totalmente pura es capaz de realizar su verdadera naturaleza simplemente escuchando las palabras del maestro. Para la gran mayoría de nosotros, sin embargo, no basta con que el maestro nos diga: "Eres el Ser Supremo". Esto se debe a que nuestra verdadera naturaleza está oculta por capas de ignorancia, compuestas por nuestros deseos, apegos y nuestra fuerte identificación con nuestro limitado ego. Amma cuenta la siguiente historia.

Había una vez un Gurú que envió a dos discípulos a comprar algunas cosas para el ashram. Cuando volvieron, era evidente que uno de los discípulos había recibido una paliza, y el otro estaba rojo de ira.

El Gurú les preguntó que había sucedido.

El primero dijo: "¡Me ha molido a golpes!"

El segundo discípulo dijo: "¡Lo hice porque me llamó mono!"

El Gurú reprendió al segundo discípulo, diciendo: "A pesar de que te he dicho mil veces durante no sé cuantos años: 'No eres el cuerpo, la mente o el intelecto; eres la conciencia suprema', nunca me has creído. Cuando tu hermano te ha llamado mono una sola vez, le has creído".

Aunque el discípulo había escuchado las palabras del Gurú y las afirmaciones de las Escrituras, éstas no habían calado en el fondo de su corazón.

Amma ha demostrado muchas veces cómo una mente totalmente purificada responde espontáneamente a declaraciones de lo divino y experimenta la divinidad al momento. Cuando no tenía más que dieciséis años, pasó por delante de una casa cerca de la suya en la que se estaba leyendo el *Srimad Bhagavatam*. Cuando el lector empezó a recitar la historia de la vida del Señor Krishna, Amma entró espontáneamente en un estado de total identificación con el Señor. Todos los que estaban en la casa se sintieron irresistiblemente atraídos por su maravillosa sonrisa y su cautivadora actitud. Este fue el principio del *darshan* de *Krishna Bhava* de Amma.

En la gran epopeya india *Ramayana*, Hanuman necesita viajar rápidamente a Lanka para llevar un mensaje a Sita, la bienamada de su Señor Rama, que ha sido capturada por Ravana, el rey de los demonios. En realidad, Hanuman es un dios y tiene grandes poderes, pero en su infancia solía hostigar a los Rishis (videntes) con diversas travesuras y bromas, y ellos lo maldijeron haciendo que olvidara sus poderes. Más adelante, lo bendijeron diciendo que si alguien le recordaba sus poderes, recobraría la memoria y podría utilizarlos. Así, mientras Hanuman estaba en la orilla del mar mirando con desánimo en dirección a Lanka, estaba rodeado por el ejército de monos del Señor Rama, que sabían que sólo Hanuman era capaz de saltar a Lanka. Empezaron a cantar sus alabanzas, recordándole sus poderes ocultos, e inmediatamente se acordó de su naturaleza divina y, poniéndose a la altura de las circunstancias, cruzó el mar y llegó a Lanka dando un solo paso de gigante.

Como Hanuman, hemos olvidado nuestra naturaleza divina. Las numerosas declaraciones de las Escrituras, como: "Tú eres Eso", están cantando las alabanzas de nuestro Verdadero Ser para hacernos recordar quienes somos realmente.

Para establecernos en la experiencia de unidad con el Supremo, las Escrituras nos dicen que tenemos que seguir el siguiente proceso: escuchar, reflexionar y contemplar. El primer paso se denomina *sravanam* (escuchar) que significa escuchar (o leer) las enseñanzas de las Escrituras y de los grandes maestros. Leemos en las Escrituras y escuchamos de los maestros que no somos el cuerpo, la mente o el intelecto, sino el Atman que da vida a esos tres.

Pero como nuestra mente no es pura, dudamos cuando las enseñanzas del maestro contradicen nuestra experiencia cotidiana. El maestro dice: "Eres la Existencia, la Conciencia y la Dicha infinitas". Pero nuestra experiencia es que estamos limitados, afligidos y sujetos a la destrucción. Por tanto, el siguiente paso tras *sravanam* es *mananam* (reflexión), que es reflexionar profundamente sobre las enseñanzas del maestro. Cuando el maestro le dice a la ola del mar: "Eres ilimitada", la ola tiene que comprender primero que mientras se identifique con una ola, es limitada, pero cuando se percata de su verdadera naturaleza, tan inmensa como el mismo océano, se vuelve ilimitada.

En cierta ocasión el Señor Rama le preguntó a Hanuman: "¿Quién eres?"

La respuesta de Hanuman ilustra maravillosamente las distintas perspectivas desde las que podemos aproximarnos al Supremo: "Oh, Señor, cuando pienso que soy este cuerpo, soy Tu sirviente. Cuando pienso que soy un *jiva* (alma individual), soy parte de Ti. Cuando pienso que soy el Atman, soy Tú. Esa es mi convicción". Hanuman sabía que su relación con el Señor dependía de lo amplia que fuera la perspectiva que era capaz de asumir.

A través de la reflexión comprendemos que no somos el cuerpo, la mente y el intelecto limitados, sino la Conciencia sin límites. Cuando llegamos al convencimiento intelectual, más allá de cualquier sombra de duda, de que esta es la Verdad, asimilamos esa enseñanza tan profundamente que trascendamos nuestra errónea identificación con el cuerpo, la mente y el intelecto y nos identifiquemos totalmente con la Conciencia. Ese proceso se denomina *nidhidhyasanam* o contemplación.

En la contemplación, el discípulo adquiere el hábito de pensar continuamente, en y por medio de cada una de sus acciones, cada una de sus experiencias: "No soy el cuerpo ni la mente, sino la pura Conciencia sin principio ni fin". Nuestra respuesta a cualquier situación, cuando se presente, debe estar guiada por esa Verdad. Al pensar continuamente en las enseñanzas del maestro y seguir sinceramente sus instrucciones, el discípulo se purifica lo suficiente para realizar la Verdad. El Maestro Realizado es como una caja de cerillas, mientras que el discípulo totalmente maduro es como una cerilla seca: con una ligera fricción con la caja de cerillas, se enciende. Pero sólo la gracia y la guía del maestro pueden llevar al discípulo a ese estado de total madurez.

No podemos forzar la llegada del sueño. Podemos tumbarnos en una cama cómoda, asegurarnos que la habitación esté tranquila y a oscuras, que estemos bien abrigados; pero en cuanto a quedarnos dormidos, no tenemos más opción que esperar pacientemente. Igual que el deseo de dormir aparta de la mente cualquier otro pensamiento y arrastra a una persona hasta su habitación, también la contemplación constante de la verdad vedántica de la no-dualidad aparta los demás pensamientos de la mente del discípulo. Sin embargo, sólo por la gracia del Gurú será elevado el discípulo al estado supremo.

Este camino vedántico, o la realización de la Verdad por el estudio directo y la reflexión en la Verdad –que carece de nombre o forma– es extremadamente difícil. En realidad, no es adecuado para la mayoría de la gente. Incluso Adi Shankaracharya, que reestableció la supremacía de la filosofía del Advaita Vedanta del no-dualismo, compuso muchos himnos alabando a la Madre Divina, pues sabía que seguir el camino del Advaita era muy difícil para la mayoría de la gente. Buda fue partidario de un camino esencialmente no-dualista e instruyó a sus seguidores para que no lo adoraran ni a él ni a cualquier otra forma. Y sin embargo, hoy en día, la estatua religiosa más grande del mundo es del Buda. Eso nos muestra que, para la gran mayoría, adorar a un Dios sin forma es difícil o imposible.

En la *Bhagavad Gita*, el Señor Krishna dice:

kleso'dhikataras tesām avyaktāsakta cetasām
avyaktā hi gatir duhkham dehavadbhir avāpyate

Mayor es la dificultad de aquellos cuyas mentes se centran en lo Inmanifestado, pues es muy difícil alcanzar la meta de lo Inmanifestado para los seres encarnados.

(XII.5)

Para la mayoría de nosotros, nos basta con acordarnos de actuar y sentir las cosas de la manera correcta. Si podemos actuar con la comprensión de que sólo somos un instrumento en las manos de Dios, o recordamos que tenemos el derecho a actuar pero no a determinar los resultados de las acciones, podremos alcanzar un estado de ecuanimidad respecto a nuestras experiencias que estará muy próximo al estado del testigo. En el camino de la devoción, también alcanzamos un lugar en el que no nos vemos afectados por la bondad o la maldad, por el éxito o el fracaso, por la felicidad o el dolor. Entregándonos a la voluntad de Dios, o a la voluntad del Gurú, seguimos esforzándonos y haciendo todo lo posible para alcanzar nuestras metas, pero si no lo conseguimos o si nos encontramos con alguna adversidad, lo aceptamos con la mente tranquila y el corazón lleno de paz. Si nuestros esfuerzos tienen éxito, lo aceptamos también como la gracia de nuestro Maestro.

Cuando visitamos un templo, adoramos a la deidad que se encuentra allí, y el sacerdote del templo nos ofrece *prasad*. Puede ser *payasam*, frutas o nueces. Sea lo que sea, lo aceptamos como un precioso regalo del Señor. En el camino de la devoción, esta misma dinámica se aplica a todos los aspectos de nuestra vida. Vemos cada una de nuestras acciones como un acto de adoración a nuestro Gurú, y vemos el resultado de nuestras acciones, así como todas las demás experiencias que afrontamos, como el *prasad* del Gurú. Así, nunca nos regocijamos ante el éxito ni nos deprimimos ante el fracaso. Más bien, estamos siempre contentos. Este sentido de ecuanimidad se mantiene por nuestro esfuerzo de entrega a Dios o al Gurú. Con la entrega nos desprendemos de nuestro ego, de nuestro sentido de "yo" y "lo mío", y lo vemos todo como Dios, o el Gurú.

En un camino lo vemos todo como Dios, y en el otro lo vemos todo como el Ser. Amma dice que cuando adoramos a Dios con forma, eso nos lleva a un lugar desde el que es muy fácil realizar el Ser Supremo, y que a un verdadero devoto que haya alcanzado el estado de suprema devoción, Dios mismo lo guiará hasta la realización del estado no-dual. ❖

135

Capítulo 11

Poner el caballo delante del carro: comprender la importancia del culto

En el mundo actual, mucha gente se pregunta por la validez de la adoración a una deidad o la adoración a un maestro vivo. A veces la gente le pregunta a Amma: "Dado que la forma es en último término una ilusión, ¿no está el Vedanta en contra de la adoración de cualquier forma particular?" o también: "Si la verdad suprema no tiene nombre ni forma, ¿por qué debemos meditar en un dios con atributos como Ganesha, Shiva o Kali? ¿Por qué debemos meditar en un Gurú?"

Cualquiera que tome un texto avanzado, como alguno de los Upanishads, puede formular preguntas aparentemente inteligentes como estas, ya que los Upanishads ensalzan la contemplación del *brahman* sin forma, como la práctica espiritual más elevada. Quienes sean de inclinación más intelectual pueden sentirse inspirados por tales textos y adoptar incluso la contemplación de *brahman* como práctica espiritual fundamental. Pero si lo hacen sin una guía adecuada, será muy raro que consigan algún avance espiritual.

Es evidente que el estudio de las Escrituras es esencial para cualquier aspirante espiritual, pero cuando empezamos a abordar las Escrituras debemos ser muy cuidadosos para saber por dónde empezamos. Hoy en día, por supuesto, muchas de las Escrituras se encuentran fácilmente disponibles. Han sido traducidas y publicadas en muchos idiomas, y hasta se pueden encontrar en internet. Sin embargo, muchas traducciones inglesas han sido escritas sin comprender el significado profundo de lo que se dice en ellas. Por ejemplo, la palabra sánscrita *pashu* significa "animal". Así, algunas de las traducciones más populares dicen que las Escrituras abogan por el sacrificio de animales, pero una correcta traducción del mismo versículo de las Escrituras afirma que debemos trascender nuestras tendencias animales y experimentar nuestra unidad con el Ser Universal, el Atman.

Una vez los *devas* (seres celestiales), los *asuras* (demonios) y los seres humanos estaban haciendo *tapas* (austeridades). De pronto oyeron el sonido "da", reverberando por el aire. Todos lo consideraron un mensaje divino, pero cada uno lo interpretó de diferente manera. Los seres humanos pensaron que "da" significaba *danam* o caridad. Creyeron que Dios les decía que fueran más generosos. Los asuras, en cambio, pensaron que significaba *daya* o compasión. Y los *devas* creyeron que el sonido les estaba diciendo que ejercitaran más *damam*, o control de los sentidos. No es sorprendente pues que el mayor defecto de los seres humanos fuera su egoísmo, que los *asuras* fueran crueles y duros de corazón y los *devas* estuvieran siempre complaciéndose en los placeres de las esferas celestiales. Cada uno imaginó que Dios le decía que cultivara la virtud correspondiente a su respectiva debilidad.

Del mismo modo, cada uno interpretará las Escrituras según su propio nivel de comprensión.

Las Escrituras se han puesto por escrito no hace mucho. En la antigüedad, se enseñaban oralmente en un *gurukula* (escuela tradicional). El Gurú recitaba las Escrituras y los estudiantes lo retenían todo en la memoria, y de memoria se las enseñaban a sus discípulos. Por eso en sánscrito otra palabra para referirse a las Escrituras es *shruti* o "lo que se transmite por el oído". Como los estudiantes podían oírlas directamente de boca del Gurú, no había malentendidos. Ahora todo está impreso, y cualquiera puede leerlas y quedar confundido. De hecho ya estamos confundidos, y si empezamos leyendo las Escrituras más avanzadas, lo que haremos será crear más confusión. Toda la claridad que pudiéramos tener se desvanecerá si leemos esas Escrituras sin la guía de un maestro realizado.

Está bien comenzar por la *Bhagavad Gita*, pero antes de empezar a leer este famoso texto, Amma siempre recomienda que desarrollemos las cualidades de inocencia, devoción y entrega a Dios. Para eso tenemos que leer los libros de los grandes devotos de Dios, devotos del Señor que tenían esas cualidades en abundancia. Es muy importante desarrollar estas cualidades antes de empezar el estudio de las Escrituras, pues estas van a decirnos que somos el Ser Supremo y que todo lo demás es una ilusión. Si estudiamos las Escrituras sin desarrollar las necesarias cualidades, nos pondremos a pensar: "¿Para qué voy a hacer prácticas espirituales, por qué tengo que acudir a un maestro? Yo soy la Verdad, así que puedo hacer lo que quiera".

Para ilustrar la falacia de esta actitud, Amma nos da el ejemplo de la semilla y el árbol. Desde luego, un árbol inmenso y floreciente puede dar sombra, fruta y flores a todo el que pase. Sin embargo ¿acaso puede la semilla jactarse de ser capaz de ofrecer esos regalos al mundo? Aunque el árbol está contenido en la semilla, esta debe primero permanecer bajo tierra, abrirse, arraigar, convertirse en un retoño y poco a poco crecer hasta convertirse en un árbol. De igual modo, ¿qué sentido tiene que la gente corriente vaya por ahí diciendo "Soy Brahman"? Es algo que tiene que llegar a experimentarse.

No podemos establecernos en la experiencia de la Verdad sólo leyendo textos avanzados; pero, al mismo tiempo, sólo por medio del conocimiento podemos alcanzar la realización del Ser. Toda la meditación, el servicio desinteresado (*seva*) y otras prácticas espirituales que hacemos son sólo para purificar la mente; no pueden llevarnos directamente a la liberación. Sucede así porque el Ser no es algo de reciente creación, el Ser ya está ahí. Está presente en todo y siempre ha existido. Al alcanzar la liberación en realidad no ganamos nada, sino que nos damos cuenta de la verdad de lo que ya es. Por eso se la llama realización. Por ejemplo, si perdemos nuestras gafas, las buscamos por todas partes. ¿Pero qué pasa si alguien nos dice que en realidad ya las llevamos puestas? ¿Habremos obtenido entonces algo que habíamos perdido? Las gafas estaban en nuestra cara todo el tiempo, sólo teníamos que darnos cuenta.

Por eso se dice que no podemos realizar el Ser haciendo algo en particular, como recitar un número determinado de mantras o meditar durante un cierto período de tiempo. Más bien, igual que el sol oculto por las nubes se revela cuando el viento se las lleva, cuando nuestras impurezas internas, *vasanas* y otras alteraciones mentales van siendo lentamente eliminadas gracias a las prácticas espirituales y la gracia del Gurú, surgirá naturalmente y sin esfuerzo en nuestro interior el auténtico *jnana* (el conocimiento de que somos el Ser). Cuando seamos conscientes de que "Yo soy Brahman" –con el mismo grado de certeza inquebrantable con la que ahora decimos: "Soy un ser humano"– eso es la realización del Ser.

Cuando llegué al ashram, hace más de veintisiete años, el primer libro que Amma nos dio a leer a mí y a los otros *brahmacharis* fue la vida y enseñanzas de Sri Ramakrishna Paramahamsa. La lectura de libros sobre grandes maestros que tenían tanta devoción, humildad e inocencia, nos ayuda a purificar el corazón. Si alguien es orgulloso y egoísta, eso no nos impresiona. Pero cuando encontramos a alguien que es auténticamente humilde, auténticamente inocente, esa manera de ser nos impresiona. Amma dice que un corazón inocente y sencillo es la clave para hacer progresos espirituales: "El que realmente esté buscando la Verdad tendrá humildad y sencillez. La gracia del Gurú se derramará sobre esa persona. Para vivir sinceramente la espiritualidad y lograr la verdadera experiencia espiritual, se deben desarrollar las cualidades del amor, la humildad y la inocencia".

Cuando leemos las Escrituras podemos encontrarnos descripciones de distintas prácticas espirituales. Pero esas prácticas no son para todo el mundo. Sin la guía de un maestro verdadero, nos resultará muy difícil saber cómo debemos practicar. Amma nos pone el ejemplo de un tónico muy potente para incrementar la salud, energía y vitalidad. El tónico es bueno para nosotros, pero si nos bebemos toda la botella pensando que obtendremos mayor beneficio, perjudicará nuestra salud. Si lo tomamos de acuerdo con la dosis prescrita, nos sentará muy bien.

En 1987, durante la primera gira mundial de Amma, uno de los *brahmacharis* leyó los ingredientes de un zumo de ciruela y vio que era muy rico en vitamina C. Como un doctor le había recomendado hacía poco que tomara más vitamina C, decidió beberse la botella entera. En aquella época no habíamos salido nunca de la India y no habíamos visto nunca zumo embotellado. El *brahmachari* se sentía muy satisfecho de su decisión de beberse toda la botella y nos contó a los demás la cantidad de vitamina C que había tomado. A las pocas horas y durante los tres días siguientes, tuvo una terrible diarrea que le impidió incluso asistir a los programas de Amma.

Si alguien que conociera los efectos del zumo de ciruela le hubiera advertido que no tomara demasiado, entonces podría haberse beneficiado de beber la cantidad recomendada. De forma parecida, cuando nos acercamos por primera vez a la espiritualidad, muchos de nosotros nos sentimos atraídos por los versos místicos y las promesas de dicha eterna que encontramos en las Escrituras y los libros espirituales; el problema surge cuando tratamos de poner en práctica los principios espirituales. Necesitamos el consejo de un Maestro para saber qué prácticas espirituales son adecuadas para nosotros y cuánto tenemos que practicar cada día.

El capítulo duodécimo de la *Bhagavad Gita* describe el camino de la devoción como una progresión de *saguna* (con forma) a *nirguna* (sin forma). Esta comprensión rudimentaria del camino es esencial, desde luego, pero sólo somos capaces de ponerla en práctica bajo la guía de un Satguru vivo. El maestro verdadero es la culminación de todas las enseñanzas que encontramos en las Escrituras. No sólo encarna las enseñanzas, sino que también nos facilita el contacto personal que necesitamos para seguir en el camino. Aunque puede haber un Buda o un Ramana Maharshi[15] entre millones de personas, a todos los demás sólo les es posible trascender la mente y alcanzar el infinito cuando se cuenta con la guía de un alma realizada que haya alcanzado ese estado.

No nos cuesta mucho trabajo recordar cómo éramos antes de conocer a Amma. Puede que hayamos leído libros espirituales y hasta tratado de meditar por nuestra cuenta, pero todos los esfuerzos resultarán muy mediocres comparados con lo que podemos hacer en presencia de Amma. Si no hubiéramos conocido a Amma, incluso ahora probablemente estaríamos en la misma situación. Hasta que encontramos al Gurú, todas las enseñanzas permanecen como conceptos objetivos, que somos incapaces de asimilar y poner en práctica plenamente. Aunque practiquemos durante algún tiempo, cuando se presentan circunstancias difíciles

---

[15] Sri Ramana Maharshi, el sabio de Arunachala, realizó el Ser a los dieciocho años, después de tenderse en el suelo e imaginar cómo sería estar muerto. Hay otros casos de personas que han alcanzado la liberación sin la guía de un Gurú, pero son muy poco frecuentes. Esos individuos tuvieron seguramente un Gurú en su anterior nacimiento y debían estar a un paso de la realización del Ser cuando murieron, necesitando sólo un suave empujón —o bien agotar una pequeña cantidad de prarabdha que les quedaba— para alcanzar la meta.

en nuestra vida todo se viene abajo y volvemos a encontrarnos como al principio.

Hasta los que adoran al Ser sin forma tienen un Gurú que los guía. Nisargdatta Maharaj tuvo un Gurú que lo instruyó en ese camino, y simplemente teniendo una gran fe en las enseñanzas de su Gurú fue capaz de alcanzar la meta en un breve periodo de tiempo. Incluso después de estar totalmente establecido en el estado de no-dualidad, siguió venerando la imagen de su Gurú hasta su último aliento. Amma dice: "Un verdadero discípulo dirá: 'Soy uno con Dios', pero nunca dirá: 'Soy uno con el Gurú', incluso después de haber comprendido su unidad con todo el universo. El discípulo sabe que sólo la gracia del Gurú le ha permitido alcanzar ese estado de realización, y por eso siempre sentirá la mayor reverencia y devoción hacia su Gurú".

Por supuesto, para la mayoría de nosotros, tanto si adoramos a un Dios con forma como si meditamos en el Brahman sin forma, el camino espiritual es un largo proceso que requiere mucha paciencia y un duro esfuerzo. No seremos capaces de mantener el necesario nivel de esfuerzo sin la constante inspiración y la guía que obtenemos a través de la forma del Gurú. Amma nos ofrece esta inspiración y guía, y siempre nos la da en el momento oportuno. Puede que estemos totalmente abatidos y a punto de abandonar toda esperanza, pero basta con un abrazo o una mirada de Amma para cambiar completamente nuestro estado de ánimo y mantenernos en el camino durante meses.

Una de las razones por la que muchos prefieren hoy en día meditar en el Absoluto sin forma es que parece ser un atajo. Puesto que se dice que la Verdad está más allá de todo nombre y forma, puede parecer más rápido y razonable empezar inmediatamente con la meditación sin forma, saltándose todo el proceso de adoración a una forma para obtener pureza mental. Pero, sin una guía adecuada para esta clase de práctica espiritual, es muy fácil caer presa de nuestra mente y actuar sólo de acuerdo con nuestros gustos y aversiones personales. Hoy en día, a la mayoría no nos gusta que nos controlen o nos digan lo que tenemos que hacer. Quizás nos parezca que ya tenemos demasiados jefes en nuestra vida. Nuestros padres y profesores son nuestros jefes hasta que crecemos, nuestra esposa es nuestro jefe después de casarnos, tenemos un jefe en el trabajo, etcétera. De igual modo, Dios o el Gurú se perciben como un jefe más: el jefe espiritual. Puede que digamos: "Quiero paz mental, no deseo ponerme a temblar ante una figura autoritaria e imponente en la iglesia o el templo. La contemplación de lo que no tiene forma es lo que más me conviene".

Pero esta clase de actitud procede de una concepción errónea de lo que es Dios o el Gurú. Cuando tenemos un Gurú vivo, nuestro punto de vista cambia por completo. Sabemos por nuestra experiencia que no percibimos a Amma simplemente como una figura imponente y autoritaria. El papel de maestra que disciplina forma parte de su existencia, pero también desempeña todos los demás papeles importantes en nuestra vida: madre, padre, amada, hermana, hermano y hasta hijo e hija. El discípulo o discípula sabe que cualquier cosa que el Gurú diga es por su bien, y cuanto más obedezca al Gurú más derramará el Gurú su gracia, en la forma de ulterior instrucción y guía.

Hay un sinnúmero de desventajas en practicar la meditación en aquello que carece de atributos. En primer lugar, no podemos pensar en cualidades o atributos sin relación con las formas. Sólo somos capaces de comprender plenamente las virtudes que explican las Escrituras cuando las observamos gracias al medio físico que Amma nos facilita. Intentemos, por ejemplo, imaginar la dulzura de la sonrisa de Amma sin sus labios y dientes, o su compasiva mirada sin los ojos. Sucede lo mismo cuando tratamos de meditar en un Dios sin forma, inmutable y sin atributos. Al no tener nuestra mente la sutileza necesaria para una adecuada contemplación, necesitamos un objeto que tenga como atributo la cualidad que tratamos de desarrollar.

Amma dice: "Si en un restaurante se sirve sólo un plato o en una zapatería sólo hay una talla de zapatos, ¿cuántas personas lo encontrarán útil? Para adecuarnos al gusto y las necesidades de una gran variedad de personas, tenemos que ofrecer distintos platos y un gran número de tallas de zapatos. De manera similar, los *rishis* sabían que los seres humanos tienen muchos temperamentos diferentes. Teniendo esto en cuenta, ofrecieron diversas deidades, con diferentes cualidades y apariencias, como objeto de adoración. Es bueno elegir una deidad en la que centrar nuestra atención, pero debemos hacerlo comprendiendo que, al igual que la electricidad da energía a la nevera, al aparato de aire acondicionado, a la estufa o a la bombilla, cada deidad es una manifestación distinta del mismo principio divino".

Hay una historia de un *brahmachari* que llegó al ashram de Amma diciendo que meditaba en el Absoluto sin forma. Un día, de pronto, Amma tomó una imagen de Kali de la pared y se la dio, diciéndole que meditara en ella en lugar de su práctica habitual. Amma sabía que antes meditaba en Kali y que había empezado su meditación en lo que no tiene forma simplemente por consejo de un estudioso. Amma le dijo: "Todavía no tienes suficiente madurez para meditar en lo que no tiene forma. Por tanto, medita en esta forma de la Madre. Sin amor, no puede conseguirse nada. Tu mente se ha vuelto muy dura. Rocíala con el agua del amor y suavízala". La imagen que Amma le dio era de hecho la de Kali en exactamente la misma postura en la que él solía meditar. Sólo gracias a que contaba con un Gurú como Amma pudo evitar el gran obstáculo que se hubiera presentado en su camino.

Amma dice: "Los templos se crearon en periodos posteriores, cuando las mentes de la gente se volvieron demasiado toscas para purificarse internamente por sí mismas. Los Rishis sabían que las personas de épocas futuras no serían capaces de captar esas verdades sutiles, a menos que se expresaran de un modo diferente". El culto de la forma empieza como la adoración de un personaje determinado, y más adelante madura cuando el devoto comprende los principios y los ideales activos tras los atributos superficiales de su deidad. Es una progresión desde lo personal a lo impersonal. Al principio, el apego a la forma es muy importante pues es la única manera de que podamos absorber la esencia que hay tras ella y de asimilar esa esencia en nuestra vida. Sin el apego a la forma de Amma, no seríamos capaces de exponernos al amplio abanico de sus *bhavas* (estados) y *lilas* (juegos divinos), que son el medio por el cual ella muestra las virtudes que necesitamos desarrollar.

Sobre el estado de meditación avanzado en una forma, Amma dice: "En cierto momento de la práctica espiritual, todas las formas se funden y desaparecen y se alcanza el estado sin forma. La devoción suprema es puro Vedanta. Un auténtico devoto lo ve todo impregnado por Dios. No ve otra cosa que a Dios en todas partes. Cuando un devoto dice: 'Todo está impregnado por Dios', el vedantista dice: 'Todo está impregnado de Brahman'".

Amma compara el precipitarse a lo que no tiene forma, sin desarrollar primero las cualidades apropiadas de la mente, a intentar trepar a un árbol de un solo salto. No sólo no lo conseguiremos, sino que, además, podemos caernos y hacernos daño. También puede describirse con la conocida expresión de "poner el carro delante del caballo": no llegaremos a ninguna parte. Para avanzar en el camino espiritual, necesitamos poner el caballo delante del carro: es decir, comprender la importancia de la adoración con forma y aceptarla como un nivel esencial en nuestra práctica espiritual. Un erudito puede comprender el concepto de progresión de la forma a lo que no tiene forma, pero todos necesitamos un Gurú para convertir esta comprensión objetiva en una práctica real en nuestra vida. Cuando el discípulo alcanza los estados avanzados de la práctica espiritual, recibe a través de la forma del Gurú la instrucción en la meditación sin forma.

No debemos dejar de valorar nuestra relación con Amma. En esa relación reside todo lo que necesitamos, pues en ella está contenida toda la espiritualidad. La relación con el Gurú nos guía a lo largo del camino espiritual, del principio al fin, nos da toda la inspiración que necesitamos y elimina los obstáculos que encontramos en el camino. El constante vínculo con el Gurú es también el medio más eficaz de eliminar el ego cada vez que salga a la superficie. El Gurú guiará incluso al discípulo a la meditación sin forma cuando esté preparado. Así, el Gurú conducirá al discípulo más allá de las limitaciones de la mente para que alcance el estado supremo. ❖

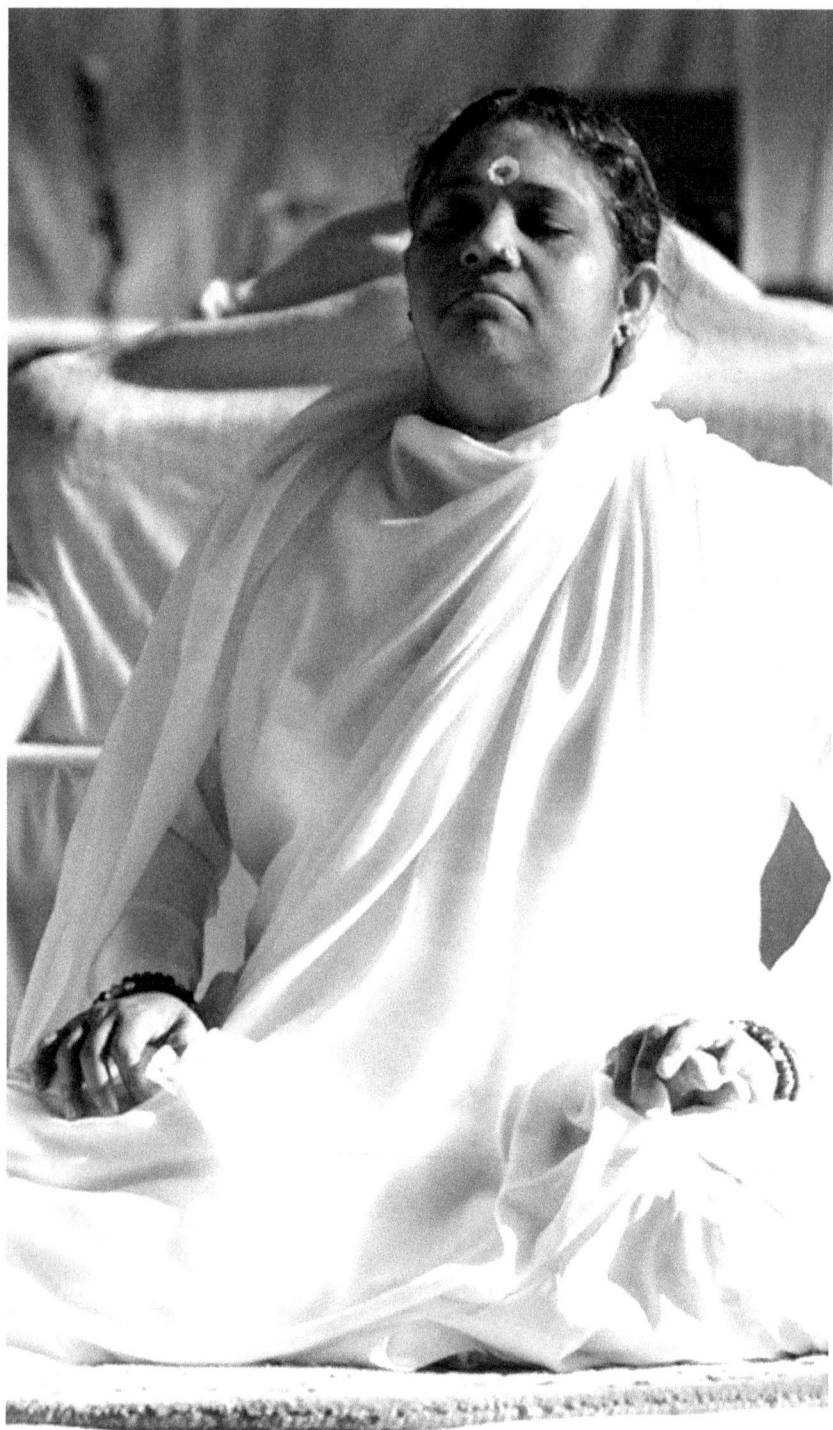

Capítulo 12

Ver el bien es ver a Dios

Una vez le preguntaron a Amma: "¿Cuál es la mejor manera de ver a Dios en todos?" Amma respondió que la mejor manera de ver a Dios en todos era ver la bondad en todas partes. Al hacerlo así, no nos estamos engañando. Amma señala que hasta un asesino sentirá amor y se ocupará de su propio hijo. De modo que la bondad se encuentra en todos. Amma dice que esa bondad es Dios.

Mientras Amma sólo ve lo bueno que hay en cada uno, la mayoría de nosotros sólo somos capaces de ver los defectos de los demás. Hace muchos años, un devoto acudió a Amma porque tenía serios problemas económicos en su empresa. Aunque sabía que el ashram andaba escaso de dinero en aquel momento, tenía la esperanza de que Amma lo ayudara de algún modo. Prometió devolver el dinero cuando su empresa volviera a tener beneficios. Al ver su desgracia, Amma lo ayudó aunque eso suponía más privaciones para el ashram.

A alguno de nosotros no nos gustó que Amma diera dinero cuando teníamos tan poco. En aquella época yo era el cajero principal de un banco y me preocupaba mucho la situación económica del ashram. Cuando el hombre no devolvió el dinero, incluso después de que su empresa se hubiera estabilizado, algunos de los *brahmacharis* que vivíamos en el ashram nos inquietamos y queríamos obligarlo a devolver el dinero. Sin decirle nada a Amma, algunos de nosotros fuimos a su casa y le presionamos. Con duras palabras, le dijimos que devolviera el dinero de inmediato o se atuviera a las consecuencias. Nuestros esfuerzos fueron en vano.

Antes de adoptar una medida más extrema, fui a ver a Amma para preguntarle qué debíamos hacer. Amma me respondió tranquilamente: "¿Y qué pasa si no devuelve el dinero? Él también es mi hijo, igual que tú, ¿no te parece?"

Al ocuparme de este asunto, pensaba que estaba mostrando mi sinceridad e interés en ayudar al ashram. Después de oír la respuesta de Amma, me sentí como un globo desinflado. Mientras yo sólo veía el dinero y estaba juzgando al hombre por no devolverlo, Amma nos veía a todos por igual. Amma siempre dice que lo que se debe condenar son las acciones negativas de una persona, y no a la persona en sí, pues todos somos en esencia el mismo Atman.

Cuando solemos centrarnos sólo en lo que no nos gusta de una persona o situación, llegamos a un punto en el que dejamos de apreciar lo que es realmente valioso para nosotros.

En una ocasión un hombre casado estaba trabajando en su oficina, examinando unos planos de construcción con su secretaria. Al estar sentado a su lado no se dio cuenta de que uno de sus largos cabellos negros se había quedado pegado a su camisa blanca. Cuando volvió a casa, su esposa vio el cabello de la secretaria en su camisa y empezó a llorar.

"¡Vaya, ésta es la prueba de que tienes un asunto con tu secretaria!"

El hombre, que no había visto el cabello antes, trató de explicarse, pero fue en vano. Al día siguiente, antes de volver a casa, se aseguró de no tener ningún cabello pegado a la ropa. Justo antes de llegar a casa, vio a una persona que paseaba un gran perro de pelo dorado. El perro le mostró su aprecio y el hombre no pudo resistirse a acariciarlo. El perro se frotó en la pierna del hombre y trató de lamerlo. En ese momento, algunos pelos dorados se quedaron pegados a sus pantalones, pero no se dio cuenta.

Entró en casa con un ramo de rosas en la mano y diciendo: "¡Cariño, ya estoy en casa!"

Su esposa no levantó la mirada y se quedó escudriñando cada centímetro de su ropa en busca de algún cabello extraviado. Cuando vio uno de los pelos dorados del perro, se echó a llorar de inmediato.

"¿Qué te pasa, cariño? ¿Qué sucede?"

"¡Acabo de ver un cabello rubio en tus pantalones! ¡Ahora sé que no sólo tienes un asunto con tu secretaria, sino también con mi mejor amiga!"

El hombre estaba desesperado. Al día siguiente tuvo buen cuidado de que no hubiera ni una sola mota de polvo en su ropa. También procuró cruzar la calle cada vez que veía a alguien paseando un perro. Confiado en haber tomado todas las precauciones necesarias, entró en casa diciendo: "¡Hola, querida, ya estoy en casa!" En una mano llevaba una caja de bombones, y en la otra unos billetes de avión para unas vacaciones en Hawai.

Pero su esposa volvió a escrutarlo de arriba a bajo. Después de escudriñar cada centímetro de su cuerpo, se echó a llorar con más fuerza que antes.

"¿Qué te pasa, cariño? Hoy no tengo cabellos pegados, ¿verdad?"

"Si, ya lo veo", dijo la mujer entre sollozos. "Tener un asunto con tu secretaria ha estado mal, con mi mejor amiga peor, ¡pero nunca pensé que empezaras a verte con una mujer calva!"

De este modo, aunque otros procuren a veces mostrarnos amor, si tenemos cerrado el corazón no seremos capaces de aceptarlo. La siguiente historia de la tradición judía nos muestra el valor de ver lo bueno de todas las situaciones que nos brinda la vida.

El rabino Moshe emprendió viaje a una tierra extraña. Se llevó consigo un burro, un gallo y una lámpara. Una noche se le negó la hospitalidad en todos los hogares de un pueblo y no tuvo más elección que dormir en el bosque.

Encendió la lámpara para leer los textos sagrados antes de irse a dormir, pero sopló un fuerte viento que golpeó la lámpara y la rompió. El rabino decidió acostarse, diciendo: "Todo lo que hace Dios está bien hecho". Durante la noche unos animales salvajes llegaron y se llevaron el gallo, y unos ladrones le robaron el burro. Cuando el rabino se despertó y vio las pérdidas que había sufrido, aún así siguió proclamando: "Todo lo que hace Dios está bien hecho".

Luego el rabino volvió al pueblo en el que le habían negado alojamiento, y se encontró con que un ejército enemigo lo había invadido durante la noche y había matado a todos sus habitantes. También se enteró de que esos soldados habían cruzado durante la noche la misma parte de los bosques en la que él había dormido. De no haberse roto la lámpara, lo habrían descubierto. De no haber sido cazado el gallo, habría cantado y habrían descubierto su presencia. Del mismo modo, de no haber sido robado el burro, sus rebuznos lo habrían delatado. Una vez más el rabino Moshe declaró: "¡Todo lo que hace Dios está bien hecho!"

Esta estrategia funciona en ambos sentidos. Cuando somos capaces de ver a Dios en todo, también vemos la bondad en todos y recordamos que cada persona y cada objeto es una parte valiosa de la creación de Dios.

Un día el sabio Adi Shankaracharya se encontró con una persona de casta baja, tradicionalmente consideradas intocables. Shankaracharya le pidió que se apartara para poder seguir por el sendero. Sin moverse, el intocable le preguntó al sabio: "¿Qué es lo que quieres que se aparte del sendero? ¿Este cuerpo o el Ser que mora en él?" Y añadió: "Oh Gran Asceta, tú has afirmado que el Absoluto está en todas partes, en ti y en mí. ¿Es este cuerpo, constituido por los cinco elementos, el que deseas mantener a distancia de ese otro cuerpo constituido también por los cinco elementos? ¿O deseas separar la pura Conciencia que está presente aquí de la misma Conciencia que está presente ahí?"

Shankaracharya reconoció inmediatamente su error. Inclinándose ante él, compuso cinco versículos allí mismo, declarando que todo aquel que mostrara una visión tan ecuánime, aunque fuera un intocable, era en verdad su Gurú. Cuando el sabio completó los versos, el intocable desapareció y en su lugar apareció el Señor Shiva, el Gurú primordial.

Muchos argumentan que si hay un Dios ¿por qué hay tanto sufrimiento en el mundo? Amma dice que en la creación de Dios no hay sufrimiento. Al nivel de los seres humanos hay sufrimiento y felicidad, placer y dolor. Pero al nivel de Dios, no hay sufrimiento ni felicidad, sólo dicha. Por eso las Escrituras se refieren al Ser Supremo como *anandaswarupam* o "con la forma de la dicha". Sólo los seres humanos han creado el sufrimiento. La siguiente historia ilustra esta cuestión.

Una vez, alguien se quejó al sol: "¿Por qué siempre dejas a medio mundo en la oscuridad? Si realmente amaras al mundo, ¿no habría acaso luz en todas partes?"

Cuando el sol escuchó esta queja, se sintió realmente confuso y preocupado. Preguntó a esa persona: "¿De verdad hay una parte del mundo que está en la oscuridad? ¿Puedes mostrármela?"

La persona aceptó y condujo al sol alrededor del mundo para que viera la oscuridad de la otra parte. Pero allí donde iba el sol, no había más que luz. Por último el sol había dado toda la vuelta al mundo sin encontrar oscuridad en ningún lugar.

Preguntarle a Dios por qué hay tanto sufrimiento en el mundo es como preguntarle al sol por qué hay oscuridad. Donde está el sol, no hay oscuridad. Del mismo modo, desde el punto de vista de quien ha realizado su ser verdadero, no existe el sufrimiento.

Todos tenemos muchos problemas y quejas. En las semanas o días previos a nuestro encuentro con Amma, quizás empecemos a elaborar una lista mental de quejas que queremos transmitirle al recibir su *darshan*. Pero, ¿qué sucede? La mayoría de las veces, cuando llegamos al regazo de Amma no podemos pensar en ningún problema. Todos nuestros sufrimientos parecen evaporarse. El maestro es como un espejo que refleja nuestro ser verdadero. En presencia de Amma podemos entrar en contacto con lo que está más allá del dolor, y también más allá de la felicidad: es la dicha del Ser.

En lugar de ver nuestros problemas desde un punto de vista negativo, si abordamos cada situación con un espíritu positivo tendremos mucho que ganar. Jacques Lusseyran, un profesor universitario francés que se quedó ciego a los ocho años y que diez años más tarde sufrió los peores horrores de la maldad humana en un campo de concentración nazi, escribió al acabar la guerra: "La alegría no procede del exterior, porque todo lo que nos sucede está en nuestro interior". Si Lusseyran pudo encontrar paz interior incluso bajo las circunstancias más terribles, sin duda también nosotros tenemos la capacidad de trascender cualquier tipo de dificultad en nuestra vida y sentir dicha interior, al margen de las circunstancias externas.

Hace algunos años, un viajero llegó casualmente al ashram de Amma en la India y pasó allí un tiempo. En los primeros días no lo vi en ninguno de los programas habituales, así que, un tanto inquieto, le pregunté si estaba disfrutando de la visita.

Me dijo: "Es un lugar muy apacible, pero hay algunas cosas que me sacan de quicio".

"¿De verdad? –le pregunté– ¿Cuáles son?"

"Bueno –explicó el visitante–, me levanto muy temprano para meditar, pero entonces empieza un jaleo tremendo en el templo". Se refería a la *archana*. "Después todo es agradable y tranquilo hasta las once más o menos. Entonces otra vez hay un montón de gente de acá para allá dentro del templo, cantando y haciendo ruido". Se estaba refiriendo al *darshan* de Amma. "Luego otra vez está todo muy agradable y tranquilo hasta que empiezan a cantar esas ruidosas canciones de la tarde". Con este comentario se refería a los *bhajans* de Amma. "Pero en general, siento una gran paz aquí, así que no me decido a marcharme".

El viajero no se daba cuenta de que todo lo que le disgustaba del ashram (la *archana*, el *darshan* de Amma y los *bhajans*) eran precisamente las cosas que creaban esa atmósfera pacífica y sagrada que tanto le agradaba.

Después de hablar con este viajero, recordé la historia que uno de los *brahmacharis* de Amma me contó de una visita que hizo a un monasterio japonés. Nada más entrar en el recinto, el *brahmachari* se quedó impresionado por su idílico emplazamiento y la gran tranquilidad del entorno. Más tarde el *brahmachari* me contó que cuando entró en los terrenos del monasterio, sintió una momentánea punzada de envidia. Se dijo: "Qué afortunados son estos monjes que cuentan con una atmósfera tan pacífica y meditativa para hacer sus prácticas espirituales. En cambio, yo no consigo quedarme mucho tiempo en un lugar, y cuando lo hago, es en Tokio. Cuando estamos en Amritapuri hay tanta gente, y cuando estamos con Amma siempre hay tanta agitación. Este lugar es tan maravilloso…"

Sin embargo, cuando el *brahmachari* se puso a hablar con el principal responsable del monasterio, éste le reveló muchos hechos interesantes sobre su situación. Le dijo que estaban afrontando una serie de problemas. Tenían, evidentemente, las luchas y conflictos internos que surgen siempre que se congregan dos o más almas limitadas por el ego, pero también se enfrentaban a problemas legales y económicos.

El monje responsable del monasterio continuó revelando: "En realidad todos estos problemas son insignificantes si los comparamos con nuestro problema más serio".

El *brahmachari* le preguntó: "¿Cuál es?"

El monje le respondió: "Es un problema que preocupa enormemente a muchos monjes en Japón hoy en día. Toda la tradición está afrontando una grave crisis, pues apenas quedan maestros realizados vivos".

Al escuchar al monje, el *brahmachari* se dio cuenta de que por muy sereno que pudiera parecer el entorno, no había paz en las mentes de los que vivían allí. En cambio, aunque el ashram de Amma (que Amma ha comparado incluso con una selva) parezca a menudo caótico, los ashramitas se están formando para tener paz interior, sean cuales sean las circunstancias externas. No obstante, la diferencia principal entre el monasterio del Japón y el ashram de Amma, no es el volumen de decibelios sino la presencia de un maestro realizado. Sin un maestro, es difícil llevar una auténtica vida espiritual incluso en el más pacífico de los ambientes.

A medida que progresamos en el camino espiritual, tendemos a oscilar entre el exceso de confianza y la desesperación. O bien pensamos que ya somos perfectos, o bien que no hay esperanza. Lo ideal sería reconocer nuestro incompleto estado actual y, manteniendo una fe total en que Amma nos llevará hasta la meta, tener paciencia y entusiasmo.

Cuando Beethoven era joven y casi completamente desconocido, empezó a perder el oído, y seguía esforzándose en sus estudios musicales. Por la misma época su padre falleció. Estaba muy deprimido y hasta pensó en suicidarse. Imagina ahora que pudieras retroceder en el tiempo y encontrarte con este Beethoven deprimido, en una coyuntura crítica de su vida. Aunque se siente totalmente desgraciado y le falta confianza, tú conoces su talento oculto. En ese caso, ¿qué le dirías? "Eh, Ludwig, tienes razón.

No hay remedio. Estás perdiendo el tiempo con tanta práctica y todo eso. Déjalo ya". Es evidente que nadie le diría algo así, porque sabemos la inconmensurable pérdida que sería para el mundo. Sin duda, haríamos todo lo posible para animarlo a que practicara sin cesar.

Igual que Beethoven, no somos conscientes de la grandeza y la fuerza latente que hay en nuestro interior. Todos llevamos dentro la sinfonía de la alegría y la paz eternas. Tendemos a pensar únicamente en nuestras limitaciones, pero Amma sólo ve el infinito potencial que hay más allá, y lucha por sacarlo a la luz.

Muchos de los *brahmacharis* que trabajan en el proyecto de Amma Amrita Kutiram (viviendas gratuitas para los pobres sin hogar) no tenían experiencia en la construcción. Algunos se quedaron realmente sorprendidos cuando Amma les pidió que empezaran a construir y a supervisar la construcción de las casas. Pero con la gracia de Amma pudieron aprender muy rápidamente, y ahora dirigen de manera muy competente incluso proyectos a gran escala, como la rehabilitación de barriadas pobres o la reconstrucción de comunidades enteras devastadas por desastres naturales.

Cuando estuvo claro que el hospital de alta especialización de Amma en Cochin necesitaba un sistema de información digital, los administradores del hospital acudieron a Amma con los precios de los sistemas existentes, diseñados por empresas multinacionales. Todos esos sistemas no eran nada baratos. Cuando Amma vio las ofertas, dijo: "Desarrollaremos nuestro propio sistema de información", y nombró a uno de los *brahmacharis* para que se encargara de desarrollarlo. Los administradores del hospital no podían creer lo que oían. El *brahmachari* que Amma había elegido para desarrollar el sistema tenía la titulación requerida, pero no demasiada experiencia práctica, pues para desarrollar esos sistemas normalmente hacen falta años y equipos enteros de expertos en tecnología de "software". Los administradores del hospital estaban convencidos de que Amma estaba cometiendo un gran error, pero no tenían más remedio que aceptar su decisión. Al cabo de un año, el sistema estaba implantado y en funcionamiento, y los administradores tuvieron que admitir que era igual o mejor que los sistemas que habían pensado en comprar por una suma muy elevada.

Es muy fácil para un carpintero utilizar clavos nuevos y relucientes, pero imaginemos el trabajo de un carpintero que sólo tenga clavos torcidos y oxidados para su trabajo. Por su infinita compasión, Amma nos elige a todos nosotros, los clavos oxidados y torcidos, y con una paciencia tremenda trabaja para enderezarnos y pulirnos.

Hay un verso de Adi Shankaracharya en el *Shiva Aparadha Kshamapana Stotram* que explica nuestra verdadera condición: "No soy capaz de realizar el deber de los rituales prescritos en las Escrituras, pues están plagados a cada paso de complejos ritos. Mucho menor es mi habilidad para cumplir los deberes prescritos por los preceptos védicos que conducen al camino esencial de la realización de Brahman. No tengo deseo alguno de conocer ni seguir el *dharma*. Tampoco tengo idea de la importancia de escuchar el significado de los Vedas por boca del Gurú y aplicarlos. ¿Qué (objeto) me queda para meditar que me lleve a la realización del Ser? Oh, Señor mío, perdóname por todos estos defectos y acéptame por tu infinita misericordia".

En una ocasión Amma estaba dando consejos a algunos occidentales, que sufrían mientras se esforzaban por llevar una vida espiritual en medio de todos los problemas y retos de la vida cotidiana. Les dijo: "Durante este proceso, se puede fracasar muchas veces. Dejad que haya fracasos. Después de todo, los fracasos sólo los sufre la persona que trata de triunfar. Pero no perdáis el entusiasmo ni el interés. Intentadlo una y otra vez.

Declaradle la guerra a vuestra mente. La mente podrá tirar de vosotros y empujaros a los mismos viejos hábitos. Comprended que no es más que un truco de la mente, la más grande de las embaucadoras, para desviaros del camino. No os deis por vencidos. Llegará un punto en el que los *vasanas* perderán toda su fuerza y dejarán paso al Señor para que entre a gobernar. Hasta entonces, intentadlo y volvedlo a intentar. Que ningún fracaso os impida continuar con vuestra práctica".

Amma comprende nuestro potencial interior mucho más que nosotros, y por eso nunca abandona sus esfuerzos por guiar y modelar a sus hijos. Puede que nosotros nos abandonemos, pero ella no nos abandonará nunca. Sabiendo que Amma no nos abandonará nunca, recemos para mantener la suficiente fe en la presencia divina en nuestro interior, y perseveremos con paciencia y entusiasmo hasta alcanzar la meta.

Amma sabe que, en esencia, todos somos puros y buenos. Sin que importe cuántas faltas hayamos cometido, ella sabe que nosotros también estamos en el camino de la Realización. Cuando Amma dice que ve a Dios en todas partes, podría igualmente estar diciendo que ve el bien en todas partes. A medida que Amma alimenta constantemente el bien en nuestro interior, ese bien adquiere cada vez más fuerza y más brillo. Igual que el escultor crea una bella escultura de una informe mole de piedra, Amma va despojándonos lentamente de nuestras tendencias y cualidades negativas, dejando que salga la luz de nuestra divinidad y nuestra belleza innatas. ❧

Capítulo 13

Dónde y cómo empezar a compartir el amor

C uando pensamos en todo lo que nos ha dado Amma, surge de forma natural el deseo de darle algo a cambio. Entonces nos preguntamos: ¿cómo podremos devolverle alguna vez a Amma todo lo que nos ha dado? La verdad es que es una tarea imposible: nunca se lo podremos devolver. Amma nos está dando amor y compasión infinitos e incondicionales. Para compensar un regalo infinito, deberíamos corresponder de la misma forma. Mientras nuestra conciencia permanezca confinada en el ego limitado y finito, nunca seremos capaces de hacer un regalo infinito. Siempre que alguien le pregunta a Amma qué desea, ella responde que no necesita nada, pero si la amamos verdaderamente expresaremos amor y compasión hacia todos los seres.

Sentimos que estamos desbordados con tantas responsabilidades y problemas, y que no tenemos tiempo ni energía para hacer el bien a los demás. La siguiente historia nos muestra que siempre podemos encontrar el modo de ayudar a los demás, sean cuales sean nuestras circunstancias.

Había una vez un anciano viudo que quería labrar su huerto, pero ya no tenía fuerzas suficientes para tanto esfuerzo físico.

Su único hijo estaba cumpliendo una condena en prisión por el robo de unas joyas, y no podía ayudarle El anciano le escribió a su hijo la siguiente carta:

> *Querido hijo:*
> *Me siento bastante mal porque parece que no voy a*

poder plantar el huerto este año. No me gustaría dejar
de hacerlo, ya que a tu madre le encantaba la época de
plantar. Estoy demasiado viejo para cavar un huerto.
Si estuvieras aquí, se resolverían todos mis problemas.
Yo sé que cavarías la huerta, si no estuvieras en la cárcel.
Te quiere, Tu padre.

A los pocos días, el anciano recibió la siguiente nota de su hijo:
¡Por el amor de Dios, papá, no caves en la huerta! ¡Es allí donde enterré las joyas!

A las cuatro de la madrugada del día siguiente, se presentaron una docena de policías y cavaron todo el huerto, pero no encontraron ninguna joya. Confuso, el anciano escribió otra nota a su hijo explicándole lo que había pasado y preguntándole qué tenía que hacer.

La respuesta de su hijo fue:

Adelante, ya puedes plantar tus patatas, papá… Era lo más que podía hacer desde la cárcel.

Amma dice que deberíamos tratar de hacer feliz al menos a una persona cada día, ya sea dándole algún tipo de asistencia física o económica, compartiendo nuestro talento o escuchando sus penas. Aunque nos sintamos incapaces de ofrecer algo a los demás, sí que podemos ofrecer, al menos, un rostro sonriente a todos los que se crucen en nuestro camino. Amma cuenta la siguiente historia sobre el valor de una sonrisa.

Había una persona que volvía muy deprimida a su casa. Había tenido un mal día en la oficina. Mientras esperaba el autobús, se encontraba totalmente abatido. En la parada también había una dulce y amable dama que sonrió compasiva a nuestro deprimido oficinista.

Él no se había encontrado nunca con una sonrisa como aquella en su vida. Al igual que el sol que se abre paso entre oscuros nubarrones, aquella sonrisa fue un rayo de luz que penetró en el estado depresivo y desesperado que oscurecía su mente. Envuelto en la luz de la compasiva sonrisa de la desconocida, se sintió de pronto muy feliz, y esta felicidad siguió acompañándole cuando subió al autobús y emprendió el regreso a casa.

Al bajar del autobús vio a un mendigo acurrucado en la calle. Como todavía se sentía muy contento por la sonrisa de la desconocida, le dio al mendigo todo lo que tenía en los bolsillos. El mendigo cogió el dinero y, tras saciar su apetito y tomarse una taza de café, decidió comprar un boleto de lotería. Cuando el mendigo descubrió el premio, vio que había ganado una modesta suma de dinero. No era mucho, pero era más de lo que el mendigo tenía normalmente, por lo que no tendría que preocuparse por la comida durante algunos días. Eso le dio una sensación de alivio y felicidad, y decidió regresar a su pueblo.

De camino vio un pequeño perro, enfermo y demacrado, que parecía estar a punto de morir. Al ver el lamentable estado del perro, el mendigo se puso muy triste. En otro momento no le habría afectado, pero como se sentía tan feliz y dichoso con su buena fortuna, lo embargó la compasión al ver el sufrimiento del perro. Lo recogió y lo meció en sus brazos mientras se dirigía hacia su casa. De camino, le compró comida. Era la primera vez en muchos días que el perro comía. Después de comer, se sintió un poco más fuerte y más atento. Cuando oscureció, el mendigo no había llegado todavía a su pueblo, por lo que se detuvo en el hogar de una familia que a veces lo acogía. El mendigo y el perro durmieron en el garaje de la casa.

Durante la noche, la casa empezó a arder de repente. Todos estaban profundamente dormidos, y habrían muerto de no haber sido por el perro, que se despertó y se puso a ladrar. Los ladridos alertaron a toda la familia y todos se salvaron. Esta familia tenía dos hijos, y uno de ellos llegó a ser un Mahatma, derramando sus bendiciones sobre miles de aspirantes espirituales y sobre quienes

buscaban consuelo. Si la bondadosa dama de la parada del autobús no hubiera sonreído al deprimido oficinista, este Mahatma
habría perecido durante el sueño, y el mundo no habría contado con sus divinas bendiciones. Este es el poder de una simple
sonrisa. Como dijo Amma una vez: "Hasta las cosas que tienen
que suceder dentro de veinte mil años, hasta un pequeño acontecimiento, su semilla está presente aquí y ahora". Al pensar en
cuánto puede afectar al mundo hasta la más pequeña de nuestras
acciones, ¿cómo es posible seguir reteniendo el amor y la bondad
en nuestro interior?

Incluso cuando ofrecemos un pequeño regalo, si lo damos
con amor puede tener un efecto muy positivo en la vida de una
persona. A veces los niños pequeños le traen a Amma sus dibujos. Si observamos el papel, veremos que no hay más que dos o
tres líneas, sólo algunos garabatos, pero los niños se lo ofrecen a
Amma con todo su amor. A menudo Amma acepta estos dibujos
llevándoselos a la cabeza y dándoles un pequeño toque. En la
India, esta es una forma de mostrar aprecio y respeto por algo
sagrado y de sentir que la gracia y la bondad del regalo alcanza a
todo nuestro cuerpo. Evidentemente, el regalo puede ser insignificante ¿qué va a hacer Amma con todos esos dibujos? Pero Amma
considera sagrados hasta esos garabatos de los niños, porque los
han dibujado y se los han dado a ella con amor.

Si se da con amor, hasta un insignificante regalo puede volverse grandioso. Pero sin amor, aunque hagamos regalos caros y
curiosos, no serán apreciados ni causarán demasiado efecto en
quien los reciba. Por ejemplo, una empresa hace muchos regalos
a sus clientes, pero no son dados con amor, sólo con la intención
de que los clientes se mantengan fieles a la empresa. Los clientes
saben muy bien que son un activo para la empresa, y esperan que
cada año les envíe regalos. Esta clase de regalo ni siquiera puede
llamarse regalo. Es más bien una forma de intercambio.

Amma dice que si se es capaz de dar auténtico amor, ese amor convierte a quien lo da en una persona santa. Este amor es a la vez la causa y la consecuencia del crecimiento espiritual. Cuando somos capaces de compartir amor con los demás, crecemos espiritualmente. Y cuanto más crecemos espiritualmente, más capaces somos de compartir el amor.

¿Cómo podemos empezar a practicar la entrega del regalo del amor? Diría que el mejor lugar para empezar es donde te encuentras ahora. No creas que si quieres ser espiritual tienes que convertirte en un *sannyasin* (monje). Si tienes una familia, el mejor lugar para practicar este regalo es tu propio hogar. Tus hijos y tu cónyuge están ahí mismo. Practica tratando de ser más amoroso con ellos.

Amma dice que compartir el amor no significa necesariamente ir abrazando a todo el mundo. Dar amor significa dedicar nuestro tiempo y atención, mostrar a los demás que nos importan, que nos interesa su bienestar, su felicidad y su tristeza. Si practicamos de ese modo, creamos una maravillosa atmósfera en la familia. Si vives solo, trata de compartir tu interés, tiempo y atención con tus compañeros de trabajo y amigos. Pero, allí donde estés, no esperes que los demás sean tan amorosos como tú. Normalmente, si una persona no recibe la respuesta esperada del otro, disminuye inmediatamente su amor. No olvidemos que en este momento nuestra relación se establece entre dos personas ignorantes. Cada una está esperando recibir amor incondicional y atención de la otra, mientras que ninguna de las dos es capaz de dar amor desinteresado. En lugar de obsesionarte con el hecho de que tu pareja no puede darte la clase de amor que buscas, y de sentirte culpable por no ser capaz de darle puro amor, trata de encontrar consuelo en el hecho de que estás haciendo lo mejor posible.

Con frecuencia visito las casas de los devotos de Amma. A menudo hay quejas del esposo, quejas de la esposa y quejas de los hijos. La esposa culpa a su marido, el marido culpa a la esposa, los hijos culpan a sus padres. Todo esto sucede porque la familia no dedica suficiente tiempo y atención mutua. A veces la esposa está hablando y el esposo viendo la televisión. Él le dice: "Sigue, te estoy escuchando", pero incluso cuando le dice eso no aparta los ojos del televisor. ¿Cómo va a sentirse la esposa satisfecha de que se le escucha?

El juez del pueblo del Mullah Nasrudin se fue de vacaciones. De acuerdo con las normas locales, se le pidió al Mullah que ejerciera de juez por un día. El Mullah se sentó tras el podio del juez, con el mazo en la mano, mirando con severidad al público. Después ordenó que le presentaran el primer caso.

"Tienes razón", dijo el Mullah tras oír a una de las partes en litigio.

"Tienes razón", dijo, tras oír a la otra parte.

Una voz desde el público protestó: "Pero ambas partes no pueden tener razón".

"Tienes razón", dijo el Mullah.

Del mismo modo, todos creemos que tenemos razón y que la otra persona es la fuente del problema. El marido piensa que su mujer está equivocada, y la mujer piensa que su esposo está equivocado. El verdadero problema es la ausencia de amor sincero, de interés y atención por el otro. Si hay un ambiente de amor en nuestra familia, aunque tengamos un problema, al llegar a casa nos sentiremos muy aliviados. Pero ahora la situación es la inversa. Tenemos muchos problemas en nuestra vida fuera del hogar, y cuando llegamos a casa tenemos aún más problemas. Por eso muchas personas no vuelven enseguida a casa al terminar el trabajo, prefieren ir por ahí y llegar a casa ya entrada la noche, cuando todos duermen profundamente.

Tratad de pensar que Dios os ha dado una familia. Recordad que hay mucha gente que quiere tener una familia, pero que no puede casarse. Incluso si se casan, tras dos años de matrimonio la mujer puede dejar al marido, o el marido a la mujer. Incluso si siguen juntos, quizás no puedan tener hijos. Para tener una familia necesitas la gracia de Dios. Así que si tienes una familia, ese es el mejor lugar para empezar a compartir el regalo del amor. Amma siempre dice que quiere que todos nosotros pongamos lo mejor de nuestra parte para compartir ese amor, para dedicar nuestro tiempo y nuestra atención especialmente a los miembros de nuestra familia. Una vez que hemos sido capaces de hacerlo dentro de nuestra familia, podemos ir extendiendo poco a poco el amor a nuestros amigos, a la sociedad en su conjunto, y por último a toda la creación. Al final, nos convertiremos en una encarnación del amor de Amma, de modo que todos los que se acerquen a nosotros también podrán sentir su amor. ❦

Capítulo 14

El trabajo sagrado

Mucha gente me dice que después de estar con Amma unos días, les resulta muy doloroso sentirse apartados de su presencia física. Todas las actividades mundanas parecen aburridas y vacías cuando las comparamos con estar con Amma. Pero el hecho es que la mayoría tenemos muchas responsabilidades de las que no podemos escapar. Puede que tengamos hijos, cónyuge o unos padres mayores que dependan de nosotros. Si disminuye nuestra fuerza y entusiasmo pensando que todo lo que hacemos es una pérdida de tiempo, las personas que queremos pueden sufrir.

En la antigüedad hubo un rey en la India llamado Shivaji. El rey Shivaji había construido su propio reino reconquistando territorio a los mogoles, que habían invadido la India y establecido su propio imperio. Pero para conservar su reino tenía que luchar continuamente con los invasores mogoles. Con el paso de los años, se fue cansando de la guerra y del derramamiento de sangre, por muy noble que fuera su causa. Un día, cuando el Gurú de Shivaji se presentó ante él y le pidió *bhiksha* (limosna), Shivaji escribió algo en un papel y se lo entregó al Gurú. Éste lo rechazó, diciendo: "Soy un *sannyasin*, sólo necesito comida. No puedo comerme el papel".

Shivaji dijo: "En ese papel te hago entrega de todo mi reino y sus riquezas. Has venido a pedir limosna, y eso es lo que te he dado. Ya no deseo nada de este mundo, ni sus preciosas riquezas, fama o poder".

El Gurú le dijo: "Me has ofrecido este reino y lo acepto. Ahora el reino me pertenece".

Con un suspiro de tremendo alivio, Shivaji se postró a los pies de su Gurú, sintiendo que literalmente se había liberado de todo el peso del mundo. Entonces le preguntó a su Gurú qué debía hacer el resto de su vida.

"Quiero que te encargues del reino, que seas su administrador. Lo gobernarás como representante mío", ordenó el Gurú a Shivaji.

Así, Shivaji siguió siendo el gobernador del reino, pero lo hacía en nombre de su Gurú. Aunque llevaba a cabo las mismas tareas que había desempeñado previamente, su actitud era completamente distinta. En lugar de sentir "soy el señor de estas tierras", se decía: "Este ya no es mi reino, sólo soy un administrador que sirve a su Gurú". De este modo, todas las tensiones que había sentido desaparecieron, y además ponía mucho más amor y atención en sus acciones. Incluso hoy en día, Shivaji es recordado como uno de los reyes más grandes de la historia de la humanidad.

De igual modo, no necesitamos dejar el trabajo que estemos haciendo. Todo lo que se necesita para transformar nuestra vida es un cambio en nuestra actitud. Si pensamos que Amma nos ha dado nuestro trabajo y lo hacemos como un servicio a ella, podremos cumplir con nuestras responsabilidades con amor y sinceridad. Eso ya es en sí una vida dedicada a Amma.

Antes de que Amma le pidiera a Ron Gottsegen que fuera el director administrativo del hospital de especialidades AIMS de Cochin, él sólo leía las Escrituras y sus comentarios. Pero cuando asumió esta responsabilidad, tuvo que leer muchos libros técnicos sobre medicina, tecnología médica y administración hospitalaria. Al cabo de unos dos o tres años, empezó a lamentar no tener más tiempo para estudiar las Escrituras. En lugar de aprender más sobre el Atman, aprendía sobre las imágenes por resonancia magnética. Un día le dijo a Amma que después de todos los años dedicados al estudio de los *Upanishads*, la *Bhagavad Gita* y otros tesoros espirituales, temía estar perdiendo el tiempo leyendo todos esos libros técnicos.

La hermosa respuesta de Amma puede ayudarnos a todos. Amma le dijo: "Esta es la tarea que te he asignado por ahora. No te preocupes de si va ayudarte o no en tu búsqueda espiritual. Si estás haciendo tu trabajo con sinceridad, eso supone servir al Gurú y, sin duda, te beneficiará espiritualmente".

Cualquier cosa que haga un Mahatma como Amma va destinada únicamente a restaurar la armonía perdida en la sociedad y en toda la creación. Cuando Amma funda una nueva institución – ya sea un hospital, una escuela empresarial, un orfanato o una facultad de medicina – siempre lo hace para crear más orden y armonía social. Por ejemplo, antes de que Amma se hiciera cargo del orfanato de Paripally, en Kerala, que actualmente administra su ashram, los niños vivían sumidos en la desesperación, saliendo adelante como podían en unas condiciones infrahumanas. Cuando Amma adoptó este orfanato, lo remodeló y reconstruyó totalmente, además de cambiar su programa de asistencia, llevando así la armonía a un lugar que había sido el paradigma del dolor y la falta de armonía. Cuando construyó su hospital de alta especialización en Cochin, fue para responder a la dura situación que se daba en Kerala (y en muchas otras partes de la India), en la que si uno necesitaba una operación especializada para sobrevivir y no tenía dinero para pagarla, no tenía esperanza de vida. Ahora, no sólo la gente pobre dispone del hospital AIMS al que acudir en momentos de necesidad, sino que muchos hospitales de Kerala se han visto forzados a bajar sus precios para ser competitivos. Una vez más, aquí Amma ha creado *dharma* donde había *adharma*, armonía donde había disonancia. En todas las instituciones de Amma se combina la presencia de miles de empleados y muchos miles más que sirven voluntariamente. Al trabajar en una de estas instituciones o proyectos, las acciones de una persona contribuyen a restaurar la armonía en la sociedad y en el mundo. Estas instituciones no sólo prestan un gran servicio a la sociedad, sino que cada voluntario y empleado de ellas se beneficia espiritualmente. Las Escrituras dicen: "Todo aquel que contribuye a la armonía universal está reverenciando a Dios; todo aquel que la altera va en contra de Dios".

Por supuesto, esto no sólo es aplicable a quienes trabajan en las instituciones de Amma. Cualquiera de nosotros puede adoptar esta actitud hacia su trabajo, hagamos lo que hagamos. Amma me aconsejó lo mismo cuando yo trabajaba en un banco. Aunque mi trabajo no tenía relación alguna con el ashram, pensé que Amma me había dado aquella tarea y me había puesto allí, y que cada cliente que acudía a mí me lo enviaba personalmente Amma. De esa manera, fui capaz de tratar a los clientes con mucha más paciencia, comprensión y afecto. Eso, en sí mismo, es servir al Gurú. Amma dice que amarla realmente es amar y servir a todos los seres. Por lo tanto, dondequiera que estemos y cualquiera que sea nuestro trabajo, si tratamos a nuestros compañeros y a los demás con amabilidad y amor, imaginando que Amma nos ha colocado en esa situación concreta para hacer exactamente eso, entonces estaremos llevando realmente una vida espiritual.

Sólo se trata de cambiar nuestra actitud. Cuando seamos capaces de realizar el trabajo con amor y sinceridad, eso se convertirá en nuestro servicio al Gurú. Si no fuera así, la espiritualidad solo estaría reservada a los *sannyasines*. Pero la espiritualidad no está limitada a unos pocos, pues es para todo el mundo. En realidad, es la más práctica de todas las ciencias. Las Escrituras y los maestros espirituales saben que la mayoría de la gente está ocupada cumpliendo con sus responsabilidades hacia los demás y que no puede retirarse a un ashram o a un lugar solitario para dedicar todo su tiempo a la práctica espiritual. ¿Cómo incorporar entonces la espiritualidad a su vida diaria?

Para responder a esta pregunta no tenemos más que mirar a Amma. Aunque ella no tiene hijos biológicos, se puede decir que Amma tiene la familia más grande del mundo, pues millones de devotos consideran a Amma su Madre, y de hecho ella ve a todos los seres de la creación como sus hijos. Por tanto, podemos decir que Amma tiene más responsabilidades mundanas que cualquier otra persona en este planeta. Pero Amma nunca piensa: "Voy a acabar mi tarea del día y después haré alguna práctica espiritual". Aunque Amma está siempre ocupada haciendo algo, no ve nunca nada como algo distinto a su práctica espiritual. En cada persona que llega a ella ve a Dios. En el oído de cada persona recita el nombre de la Madre Divina. Amma es la prueba viviente de que es posible llevar una vida espiritual en el mundo aunque se tengan muchas responsabilidades y obligaciones.

Amma dice que si bien ama a todos por igual, siente especial afecto por aquellos que trabajan para los demás, más que por los que trabajan para sí mismos. Como parte de su conferencia de clausura del Parlamento de las Religiones del Mundo del 2004, celebrado en Barcelona, Amma dijo que si tuviéramos al menos un poco de compasión en nuestros corazones, trabajaríamos al menos media hora extra cada día para ganar dinero para los pobres y necesitados. Amma dijo que de esta forma se revelaría una solución para toda la pobreza y sufrimiento que hay en el mundo. Aunque nos parezca que nuestro trabajo no tiene absolutamente nada que ver con la organización de Amma y el trabajo que ella está llevando a cabo, si asumimos el compromiso de trabajar media hora cada día por el bien de los necesitados, cualquier trabajo que tengamos se convierte en *karma yoga*. Basta con seguir esta sencilla instrucción de Amma para que toda nuestra vida laboral sea una ofrenda a Dios, para que lo mundano se vuelva sagrado.

Una vez los habitantes del Infierno plantearon una queja a Dios. "Hemos estado sufriendo en el Infierno durante muchos siglos", le explicaron a Dios. "Y cuando miramos arriba vemos a los residentes del Cielo disfrutando de todos los placeres celestiales y pasándoselo maravillosamente".

Dios los escuchó pacientemente. "Veré qué puedo hacer", dijo. Entonces fue a ver a los residentes del Cielo y les contó la queja que había recibido de los moradores del Infierno. Sin que se lo hubieran pedido siquiera, los residentes del Cielo se ofrecieron generosamente a intercambiar sus puestos con ellos.

Como era de esperar, los habitantes del Infierno aceptaron su oferta. Y así fue como los que hasta ese momento habían disfrutado de los placeres del Cielo descendieron al Infierno, y todos los que habían estado sufriendo en el Infierno ascendieron a los reinos celestiales.

Dos semanas después, Dios fue al Cielo a ver cómo se encontraban sus nuevos residentes. Pero al llegar allí no reconoció el lugar. Los nuevos residentes no se ocupaban de nada. Habían dejado de limpiar las calles y las casas, y parecía que no se habían bañado desde su llegada al Cielo. Se podría decir que la tasa de delincuencia iba en aumento, aunque en realidad era la primera vez que había una tasa de delincuencia en el Cielo. La gente no se sonreía al cruzarse por la calle. Imperaban los sentimientos de temor, duda, odio y desesperación. De hecho, al cabo de sólo dos semanas, el Cielo empezaba a parecerse bastante al Infierno.

Entonces Dios descendió al Infierno a preguntar a los anteriores residentes del Cielo su opinión sobre lo que debía hacerse respecto al estado actual del Cielo. Después de todo, dado que habían renunciado voluntariamente a ese lugar, tampoco había nada que les impidiera volver.

Igual que no había reconocido el Cielo después de dos semanas de ocupación por los antiguos moradores del Infierno, lo mismo podría decirse de sus viejos dominios. Los anteriores residentes del Cielo habían trabajado mucho, limpiando, remodelando y repintando todo lo que estaba a la vista. Todos se ayudaban mutuamente y nadie sentía que no tuviera que limpiar lo que no habían ensuciado. De este modo, todo el lugar estaba impregnado de un espíritu comunitario, de apoyo mutuo, optimismo y buen ánimo. De hecho, caviló Dios, el Infierno empezaba a parecerse mucho al Cielo.

Los habitantes del Infierno pensaron que todos sus problemas se resolverían simplemente con intercambiar su lugar con los seres celestiales. Pero al final, se vio claro que las cualidades del Cielo y del Infierno no venían determinadas por el lugar en sí, sino por las actitudes y acciones de sus residentes. En sólo dos semanas, los residentes del Cielo transformaron el Infierno en un lugar muy parecido al Cielo, mientras que los habitantes del Infierno habían transformado el Cielo en otro tipo de Infierno.

Independientemente de si vivimos en el ashram de Amma o trabajamos en el mundo, nuestra actitud es el factor determinante y fundamental de nuestra experiencia. Si cultivamos en nuestro interior la paz, el amor, la paciencia y la compasión, estaremos en el cielo aunque estemos en un infierno externo. Mientras que si permitimos que se enconen en nuestro interior cualidades negativas como los celos, la ira, la impaciencia y el odio, nos encontraremos en el infierno al margen de lo placenteras, cómodas o espirituales que puedan parecer nuestras circunstancias externas. ❖

Parte 3

La lluvia de gracia

La Gracia siempre está derramándose como la lluvia. Sólo tenemos que abrirnos para recibirla.

— Amma

Capítulo 15

La omnisciencia de Amma

Muy pronto nos dimos cuenta de que era imposible esconderle algo a Amma. Al principio fue una sorpresa para nosotros. No teníamos ningún conocimiento previo de los Mahatmas o de las características de un maestro realizado, así que al principio no comprendíamos que Amma era omnisciente. Y aunque ella nunca nos lo hizo saber directamente, nos ofreció muchas experiencias en las que se demostraba que estaba en su naturaleza el saberlo todo.

Desde los primeros tiempos del ashram, Amma siempre insistía en que todos los devotos que visitaban el ashram debían comer antes que los *brahmacharis*, y la última en comer era siempre Amma. Muchos días no quedaba comida suficiente después de que hubieran comido todos los devotos. Algunos días había arroz pero no curry; otros días había curry pero no arroz. A veces, cuando sólo había arroz y nada para acompañarlo, solíamos espolvorear curry en polvo en el arroz para darle un poco de sabor. En una de estas ocasiones, hace unos veinticinco años, dos *brahmacharis* estaban en la cocina mientras Amma estaba dando *darshan*, y vieron que quedaba una olla de arroz, pero no curry de verduras. Se sirvieron un plato de arroz cada uno y espolvorearon curry en polvo por encima. Tal vez por el hambre que tenían, o por descuido, espolvorearon demasiado curry en polvo. En aquel momento oyeron que Amma se acercaba a la cocina. Sabían que Amma se sentiría molesta si veía la cantidad de especias que habían malgastado[1]. Para ocultar su falta, se sirvieron rápidamente más arroz por encima del arroz que ya estaba cubierto de curry en polvo y escondieron los dos platos en una esquina de la cocina, detrás de una puerta.

Cuando Amma entró en la cocina, uno de los *brahmacharis* se cruzó de brazos y se puso a tararear una canción de la forma más natural posible, como si no hubiera pasado nada. El otro *brahmachari* no supo ocultar su culpabilidad. Procuró no mirar directamente a los ojos a Amma y simuló estar buscando algo en el lado opuesto de donde habían ocultado los platos.

Sin embargo, Amma no se dejó engañar ni por un momento. Fue directa a la esquina en la que estaban ocultos los platos, apartó la "trampa" de arroz y dejó al descubierto el enorme montón de curry en polvo por encima.

Al principio de su relación con Amma, Swami Purnamritananda (entonces era un joven llamado Sreekumar) tuvo una experiencia que eliminó todas sus dudas sobre la omnisciencia de Amma.

Cuando era niño, Swami Purnamritananda fue a un concierto de flauta. Se conmovió tanto que quiso aprender a tocar la flauta. Sin embargo, su padre no se lo permitió, pues no quería que Swami Purnamritananda se distrajera de sus estudios. Él se sintió muy triste. Un día había un festival en un templo cercano. Vio a un hombre tocando maravillosamente la flauta y que tenía a la

---

[1] En aquellos días, a veces Amma incluso tenía que ir por las casas del vecindario a pedir arroz para tener algo con que alimentar a los *brahmacharis*, así que hasta un puñado de curry en polvo era muy bien preciado. Aún hoy en día, en que el ashram tiene unos tres mil residentes y sirve comida a decenas de miles de personas cada día, Amma pone buen cuidado en inculcar en los residentes del ashram una cultura de reverencia y respeto por la comida, y de hecho por todos los suministros que se utilizan en el ashram. Por ese motivo el ashram genera una cantidad increíblemente pequeña de desperdicios para una institución de ese tamaño.

venta muchas otras flautas. Swami Purnamritananda compró una y trató de tocarla por su cuenta, pero era sumamente difícil. Le contó a su abuela que deseaba encontrar a alguien que le enseñara. Ella le aconsejó que le rogara al divino tocador de flauta, al Señor Krishna, que le enseñara a tocar.

El joven Swami Purnamritananda la creyó. Fue a un templo de Krishna y le rezó para que fuera su maestro de flauta. Como si el Señor oyera su plegaria, Swami Purnamritananda de pronto fue capaz de tocar canciones sencillas.

Muchos años después, al poco de conocer a Amma, Swami Purnamritananda decidió ponerla a prueba. Durante un *Krishna Bhava*, envolvió su flauta en un periódico y la llevó al viejo templo en el que Amma solía dar *darshan*. Se la mostró envuelta a Amma y le preguntó si podía identificar lo que había dentro.

Ella sonrió y le dijo: "Dímelo tú, hijo mío".

"Yo ya sé lo que hay dentro", le contestó. "Lo que quiero es que tú me lo digas".

Amma insistió en que se lo dijera él. Finalmente, tuvo que decirle que era su flauta de bambú. Se sintió decepcionado al ver que Amma no era capaz de reconocerla.

Sin alterarse, Amma lo contradijo dulcemente. "No es una flauta, hijo mío, sino un paquete de varitas de incienso".

Swami Purnamritananda estaba seguro de tener razón. "No, es mi flauta. La he envuelto yo mismo".

Amma le pidió que quitara el envoltorio. Todos los devotos observaban con gran curiosidad mientras desenvolvía el paquete. Se quedó atónito cuando vio que en lugar de su flauta, había una caja cilíndrica de metal nueva... llena de varitas de incienso.

Swami Purnamritananda no podía creer lo que veían sus ojos. ¿Cómo podía haber sucedido algo así? Mentalmente le preguntó a Amma: "¿Acaso eres una maga? ¿Cómo has podido convertir mi flauta en una caja de inciensos?" Ya no quería poner más a prueba a Amma, pero deseaba recuperar su flauta. Le dijo humildemente a Amma: "Por favor, dime dónde está mi flauta".

Con una sonrisa traviesa, Amma le dijo: "Está en la sala de *puja* de tu casa, detrás de la foto de Krishna". Swami Purnamritananda volvió a su casa inmediatamente, entró en la sala de *puja* y buscó su flauta.

La encontró exactamente donde Amma le había dicho. "¿Cómo puede ser?" se preguntó y trató de recordar con cuidado los acontecimientos del día. Recordó que después de envolver su flauta y cuando se disponía a salir, su madre le había llamado a la cocina y se había empeñado en que desayunara algo antes de marcharse.

Swami Purnamritananda fue obedientemente a la cocina tras dejar la flauta en la mesa del comedor. Exactamente en ese momento su padre regresó de la tienda, donde había comprado una caja cilíndrica llena de varitas de incienso, también envuelta en papel de periódico. Lo había puesto sobre la mesa del salón, junto a la flauta de Swami Purnamritananda y se fue al baño a lavarse los pies antes de entrar en la sala de *puja*.

Al volver del baño, en lugar de coger el paquete de incienso, tomó la flauta, envuelta de manera similar y la colocó detrás de la foto de Krishna, que era el sitio en el que guardaba habitualmente el incienso.

Al volver de la cocina, Swami Purnamritananda cogió el paquete de incienso, pensando que era la flauta que iba a utilizar para poner a prueba a Amma.

Esto fue lo que realmente ocurrió, pero no había forma de que Amma conociera esta secuencia de acontecimientos. Swami Purnamritananda estaba seguro de que Amma, consciente de su deseo de probarla, había orquestado todos los acontecimientos del día para gastarle una broma a cambio. Fuera broma o no, no le quedó duda sobre la naturaleza omnisciente de Amma y decidió dejar de ponerla a prueba.

En la epopeya *Mahabharata*, se relata un incidente que tuvo lugar cuando los hermanos Pandava vivían exiliados en un bosque lejos de su casa. Un día, el Señor Krishna fue a visitarlos. Arjuna y Krishna se pusieron a conversar. Señalando un árbol, Krishna le preguntó a Arjuna: "Arjuna, ¿ves aquel cuervo que está ahí?"

Arjuna le dijo: "Sí, mi Señor".

Krishna dijo: "Arjuna, creo que no es un cuervo, sino un cuco".

Arjuna contestó: "Sí, mi Señor, es un cuco".

Entonces Krishna pareció rectificar, diciendo en cambio: "En realidad, Arjuna, no es un cuco, sino un pequeño pavo real".

"Oh, sí, ahora puedo ver que es un hermoso bebé de pavo real", dijo Arjuna.

Finalmente, Krishna concluyó: "Arjuna, no es un cuervo, ni un cuco, ni un bebé de pavo real. Es un águila. ¿Por qué me has dado la razón cuando he dicho todo eso si veías claramente con tus propios ojos el tipo de pájaro que era?"

Arjuna respondió: "Señor, tú eres Dios en persona. Por tanto, puedes convertir fácilmente un cuervo en un cuco, un cuco en un bebé de pavo real, y un pavo real en un águila. Sé que tu visión siempre es más correcta que la mía".

Una vez, hace ya muchos años, cuando estaba traduciendo para Amma en uno de sus programas en Tamil Nadu, ella me interrumpió y me dijo que había cometido un error en la traducción. Con total seguridad le comuniqué a Amma que había estudiado la lengua Tamil en la escuela durante catorce años y que no había ninguna duda de que yo tenía razón. De pronto, Amma me pidió que dejara el estrado con estas palabras: "No necesito que sigas traduciendo para mí", y llamó a uno de los devotos que estaba escuchando entre el público y le pidió que lo hiciera. Con tristeza le dejé mi puesto, pero seguí cerca escuchando a Amma. Antes de que el devoto siguiera con la traducción, Amma le preguntó qué había dicho yo. Repitió mis palabras, y al oírle comprendí que había cometido un error. Amma había dicho una cosa, y yo había dicho otra distinta. Aunque yo conocía bien el malayalam y el tamil, no había comunicado lo que Amma había querido decir. Me sentí muy desdichado. Pensé que nunca más tendría otra ocasión de traducir para Amma. Me prometí que si alguna vez tenía otra oportunidad, nunca trataría de probar que yo tenía razón y Amma no. Tal vez al percibir mi decisión interna, en la siguiente ciudad de la gira, Amma se mostró muy compasiva, me llamó y me pidió que tradujera.

Al oír esta historia, alguien puede pensar que Amma tiene muchos devotos tamiles y que comprende en alguna medida esa lengua, y no es ningún milagro que Amma pudiera corregir mis palabras. Pero Amma puede hacer y ha hecho lo mismo muchas veces con idiomas que le son totalmente desconocidos.

La primera vez que Amma visitó Francia, mientras traducían sus palabras al francés, Amma interrumpió al traductor y repitió una de sus ideas, pidiéndole que volviera a traducirla. Cuando ella hizo esto, el intérprete se dio cuenta de que se había olvidado por completo de mencionar esa idea. Aunque él estaba hablando en francés, Amma sabía que se había saltado precisamente esa cuestión. Más tarde le preguntó a Amma: "Si no hablas francés, ¿cómo sabías que no había traducido eso?"

Amma respondió: "Es cierto que Amma no conoce el idioma, pero Amma puede ver tu mente. Antes de que las palabras lleguen a tu boca, tienen la forma de pensamientos ¿no es así? La forma sutil del habla es el pensamiento. Amma estaba observando tus pensamientos, y vio que te habías saltado esa idea".

Un *brahmachari* que colaboraba en el proyecto Amrita Kutiram de Amma volvió al ashram después de trabajar en unas viviendas en Bangalore y le pidió a Amma si podía seguir en alguna construcción cerca del ashram de Amritapuri, a lo que Amma accedió. Después de una semana de estar trabajando cerca del ashram, un día Amma lo llamó durante el *darshan* matinal y le dijo que tenía que ir inmediatamente a otra obra que estaba en Ernakulam (a unas tres horas del ashram). Se sintió muy abatido y le preguntó a Amma si no podía ir dentro de un par de semanas, pues acababa de volver de Bangalore. Amma insistió en que debía ir a Ernakulam inmediatamente. Vino a mí llorando y me dijo que no quería irse. Traté de convencerle de que un discípulo debe cumplir las instrucciones del Gurú lo más fielmente posible. Le conté algunas de mis experiencias, y por fin lo convencí para que se fuera. Se marchó a primera hora de la tarde y se dirigió a la obra de Ernakulam, donde organizó las cosas para tomar el mando de las obras de otro *brahmachari*. No había pasado ni una hora cuando sintió un insoportable dolor de estómago y fue inmediatamente ingresado en el hospital AIMS, el hospital de alta especialización de Amma, situado a corta distancia de la obra. Como su condición empeoraba, los médicos le hicieron una ecografía y descubrieron que el apéndice del *brahmachari* estaba a punto de reventar. Fue llevado urgentemente al quirófano y allí le extirparon el apéndice a tiempo. Cuando fue dado de alta, Amma le permitió que volviera al ashram y, tras recuperarse, que trabajara en una obra cercana.

Cuando el *brahmachari* vino a mí llorando, aunque había hecho todo lo posible para convencerle de que siguiera las instrucciones de Amma al pie de la letra, por dentro me había preguntado por qué Amma insistía tanto en que se fuera tan pronto. Me pareció extraño que no le permitiera estar ni un solo día más en el ashram. Después, al enterarme de la operación del *brahmachari*, vi con claridad el motivo de la urgente directiva de Amma. Ella sabía que el *brahmachari* necesitaba estar cerca del hospital ese mismo día. Si su apéndice hubiera empezado a dar problemas en el ashram aquella noche, no habría habido forma de llevarlo al hospital a tiempo para extirparlo, y podría incluso haberse producido un desenlace fatal.

Podemos preguntarnos: si Amma lo sabe todo, ¿por qué no le dijo al muchacho que iba a necesitar una operación aquella tarde y enviarlo al hospital? Al decirle que fuera a la obra, Amma se aseguró de que no se pasara el día preocupado por la próxima operación, y así también pudo aprender una valiosa lección sobre la importancia de seguir las instrucciones del Gurú. Al mismo tiempo, Amma se aseguró de que estuviera cerca del hospital cuando lo necesitara. También, debido a su propia humildad, Amma nunca revela directamente su naturaleza omnisciente si no es absolutamente necesario.

No obstante, a veces las misteriosas acciones o palabras de Amma revelan casi de inmediato su naturaleza omnisciente, como en el caso anterior. En otros casos, hemos tardado años, e incluso décadas, en ver claras esas lecciones.

En los primeros años del ashram, sólo había un puñado de *brahmacharis* alrededor de Amma. En aquella época estábamos tan apegados a su forma física que la seguíamos por todas partes, aunque ella no quisiera ser seguida. A veces intentaba escabullirse del ashram sin nuestro conocimiento, pero de algún modo siempre descubríamos adónde había ido. En cierta ocasión Amma fue a ver a una familia que vivía a alguna distancia del ashram. Estaba sentada en una choza esperando que llegara la familia, cuando empezamos a aparecer los *brahmacharis* uno tras otro, y nos sentamos lo más cerca posible de Amma. Al llegar la familia, Amma nos pidió que nos sentáramos al otro lado de la cabaña. Seguimos las instrucciones de Amma, pero no nos hizo mucha gracia. Cuando se fue la familia, Swami Paramatmananda (entonces Brahmachari Nealu) le dijo a Amma: "Amma, nos hemos sentido muy tristes cuando nos has pedido que nos alejáramos. No queríamos entrometernos en tu conversación con la familia, sólo deseábamos estar cerca de ti.

Amma respondió tranquilamente: "Ahora te sientes triste porque has tenido que alejarte sólo dos metros de mí. Un día necesitarás prismáticos para verme". En aquella época, no comprendíamos cómo podrían cumplirse las palabras de Amma, pensábamos que simplemente estaba usando una metáfora. Pero, transcurridos más de veinte años, durante el *Amritavarsham50 – Abrazando al Mundo por la Paz y la Armonía* (la celebración del 50 cumpleaños de Amma, considerado un acontecimiento internacional de oración por la paz en el estadio de Cochin), cuando Swami Paramatmananda trataba de abrirse paso hacia el estrado, los guardias de seguridad le interceptaron el paso al no reconocerlo como uno de los discípulos más antiguos de Amma. Para poder ver el programa de la tarde, se vio forzado a tomar asiento en las gradas del estadio, desde donde veía a Amma como una diminuta y reluciente mota blanca. Fue entonces cuando recordó las palabras proféticas de Amma de dos décadas atrás y comprobó que se habían cumplido al pie de la letra.

A veces lo que habíamos aprendido en las Escrituras hacía más difícil la tarea de Amma. Recuerdo cuando aprendimos que un maestro verdadero nunca puede enfadarse realmente con un discípulo, y que la ira que expresa un maestro no es más que una máscara que se pone por el bien del discípulo.

Tras comprender esto, por mucho enfado que pudiera mostrar Amma hacia nosotros, no nos lo tomábamos muy en serio. Por aquel entonces estábamos tan apegados a Amma que no la dejábamos sola ni un momento. Amma no quería que nos apegáramos tanto a su forma física, así que empleaba diferentes métodos para mantenernos alejados: mostrándose enfadada, actuando como si no nos amara. Pero nada podía disuadirnos de permanecer en su presencia e insistir en obtener su atención.

A veces Amma se encerraba en su habitación y no abría la puerta aunque llamáramos repetidamente. Una vez, uno de los *brahmacharis* empezó a gritar: "¡Ammaa, Ammaa!" al otro lado de la puerta. Luego paraba y le informaba a través de la puerta: "Amma, te he llamado diez veces". Al no responder ella, volvía a llamarla. Luego paraba de nuevo y decía: "Amma, ahora te he llamado veinte veces". Después continuaba llamándola, y por último dijo: "Amma, ya he acabado los ciento ocho Nombres. Tienes que abrirme la puerta". Pero ella seguía sin abrir. Entonces este *brahmachari* se puso a hacer sonidos como si estuviera llorando. Debido a su naturaleza sumamente compasiva, Amma no pudo resistirse a esta táctica. Pero cuando abrió la puerta, se encontró con el *brahmachari* sonriendo.

A veces, Amma se sentaba absorta en meditación mucho tiempo. En aquella época no teníamos ni idea de lo que era el estado de *samadhi* (total absorción en el Ser Supremo) y no teníamos mucha paciencia cuando Amma se recogía en su Ser. En algunas ocasiones, tras esperar una media hora aproximadamente, me acercaba y sacudía a Amma agarrándola por el hombro para intentar atraer su atención. Recuerdo una ocasión en que uno de los *brahmacharis* quería decirle algo a Amma que él consideraba muy importante. Al ver que Amma no respondía a su llamada, se acercó a ella y lentamente pero sin vacilación, empezó a abrirle a la fuerza los párpados.

Aunque Amma nos apartara de ella, nos aferrábamos a sus brazos, diciendo: "Puedes reñirnos, puedes apartarnos, puedes hacernos cualquier cosa. Pero, por favor, no te quedes callada, no te muestres indiferente. Eso no lo podemos soportar".

De ese modo le dábamos, sin darnos cuenta, una de las pocas herramientas que tenía para disciplinarnos realmente. Cuando quería corregir nuestros errores, en lugar de reñirnos directamente, se infligía algún tipo de castigo en su propio cuerpo. En ocasiones se negaba a comer; otras veces se pasaba horas sumergida en una balsa con el agua hasta la cintura. Esta forma de educación era sumamente dolorosa para nosotros, pero así aprendimos lentamente a tomar las reprimendas de Amma más en serio, para que no tuviera que emplear medidas tan drásticas.

La omnisciencia de Amma se hizo especialmente evidente de manera dolorosa en sus afirmaciones sobre la "oscuridad que se aproximaba" en el año 2005. Amma había hablado en privado del 2005 a sus discípulos durante varios años. Luego, en julio de 2003, justo antes del *darshan* de *Devi Bhava* en Rhode Island, hizo un anuncio público ante una multitud de más de cuatro mil personas. En aquel momento, Amma dijo a todos los presentes que no tuvieran miedo, pero que sentía que llegaban malos tiempos. "Amma ve mucha oscuridad en el mundo, y todos deberían ser extremadamente cuidadosos. Cuando Amma mira hacia abajo, ve profundas simas, así que a menos que la gente esté sumamente alerta las cosas pueden ir mal".

En realidad, esta fue la principal razón por la que Amma aceptó celebrar su cincuenta cumpleaños como un acontecimiento internacional en septiembre de 2003. Le parecía que si miles de personas se reunían para rezar por la paz y la armonía mundial, podría reducirse el efecto de cualquier calamidad que se presentara. Así empezó el recitado regular del mantra por la paz *Om lokha samastah sukhino bhuvantu* (Que todos los seres de todos los mundos sean felices) por los hijos de Amma de todo el mundo, tanto de forma individual como colectiva.

Una tarde, durante la celebración del cincuenta cumpleaños de Amma, al que acudieron más de doscientas mil personas de todo el mundo, Amma pidió a todos sus hijos que recitaran el mantra por la paz durante un minuto e imaginaran que las vibraciones de paz se extendían desde cada uno de sus corazones a todo el planeta. Cuando acabó el minuto, pidió a todos que se cogieran de las manos de quienes tenían al lado y recitaran tres veces más el mantra por la paz. Amma también dirigió una *puja* especial en la que regó un retoño de baniano con agua de ríos, mares y lagos de casi todas las naciones de la tierra.

En el verano del 2004, Amma dijo de nuevo que sentía que "se acercaban oscuros nubarrones que cubrían el cielo". Y cuando Naciones Unidas le pidió que participara en su Día Internacional por la Paz, ella ofreció todo su apoyo, motivando a cientos de miles de personas a unirse en una plegaria colectiva por la paz del mundo el día 21 de septiembre de 2004. En su discurso de aquel día, Amma dijo: "Hoy es más necesario que nunca rezar y hacer prácticas espirituales". En toda la gira de Amma por Europa en octubre y noviembre de 2004, en cada ciudad que visitaba realizaba plegarias colectivas por la paz y la armonía para los tiempos venideros.

Pocas semanas antes de que el devastador tsunami azotara el sur de Asia, Amma contó a algunos de sus discípulos que sentía que los días después de Navidad serían muy duros, e incluso llegó a decir en cierto momento que el 26 de diciembre sería particularmente trágico para muchos. La noche del 25, Amma oyó el graznido de los cuervos al mismo tiempo que la llamada del ruiseñor. Se puso muy seria y le dijo a su acompañante que era muy mal augurio. Aquella semana también se vio cómo Amma derramaba lágrimas mientras cantaba *bhajans*, en especial cuando cantaba el *bhajan* con las palabras *lokah samastah sukhino bhavantu*". Al ver a Amma llorar, muchos en el ashram también lloraban en silencio.

De hecho, las acciones de Amma el día anterior a la tragedia muestran claramente que sabía que algo malo iba a ocurrir. El 26 de diciembre estaba previsto que cinco mil mujeres necesitadas del distrito de Alappad, la zona costera en torno a Amritapuri, recibieran su pensión económica que el ashram les da trimestralmente. Intuitivamente, el día anterior Amma envió recado de que la distribución de las pensiones para estas damas se posponía una semana. Si Amma no hubiera hecho esto, las viudas habrían dejado a sus hijos en casa para venir a cobrar sus pensiones. Y sin que nadie los rescatara de la crecida del mar, sin duda alguna muchos más niños del pueblo habrían muerto a causa del tsunami.

La distribución de la pensión para viudas de la zona interior de Kollam, en cambio, no fue cancelada, pero Amma dio instrucciones para que no se hiciera en el auditorio del ashram, donde se hace habitualmente, sino en el embarcadero al otro lado del ashram, en el lado de tierra firme. Es fácil imaginar el caos que se hubiera producido si el auditorio, que quedó completamente inundado, hubiera estado lleno de mujeres esperando su pensión. En cambio, el auditorio estaba casi vacío cuando llegó el agua.

Normalmente, al ser domingo, Amma suele dar *darshan* en ese auditorio y podría haber estado atestado con al menos quince mil personas. Sin embargo, una hora antes de que empezara el *darshan*, Amma dijo que tendría lugar en el templo grande (el cual está una planta y media por encima del nivel del suelo). Por ese motivo, no había apenas nadie en el auditorio cuando el agua se precipitó en el interior de ese recinto.

Incluso ahora, si le preguntamos a Amma si es omnisciente, se limita a mover la cabeza y a reírse diciendo: "No sé nada. Sólo soy una muchacha loca". Un verdadero maestro nunca alardeará de su grandeza. Tal como Amma dice, si apilamos azúcar en una esquina, ¿es necesario escribir "esto es azúcar" en un cartel encima del montón? Es evidente que es azúcar. Si alguien se para al lado y dice que no es azúcar sino sal ¿afectará eso al azúcar? Esas personas sólo se pierden la oportunidad de saborear su dulzura, aunque delante de ellas se forme toda una cola para disfrutar de lo que es obvio, de lo que es azúcar, y nada más que azúcar.

Poco antes de que empezara la guerra de Mahabharata, el Señor Krishna hizo un último esfuerzo por evitarla. Viajó solo y desarmado como mensajero de los rectos Pandavas a la corte de los malévolos Kauravas. Cuando empezó su súplica por la paz, Duryodhana, príncipe de los Kauravas, se negó a escuchar a Krishna y ordenó que lo ataran y se lo llevaran de su vista. Tras haber agotado todos los demás métodos, Krishna reveló su *vishwarupa* (forma cósmica) a Duryodhana en plena corte.

Incluso cuando contemplaba el universo entero revelado dentro de la forma de Krishna, Duryodhana no se sintió impresionado en absoluto. No creyó lo que veían sus ojos, sino que se mofó de Krishna considerándolo un simple mago.

Más tarde, Krishna mostró esa misma forma cósmica a Arjuna durante su disertación de la *Bhagavad Gita* en el campo de batalla. Arjuna se quedó sobrecogido y cayó a los pies de Krishna, implorando su perdón por cualquier palabra descuidada que pudiera haberle dirigido al considerarlo un compañero. La visión de la forma cósmica de Krishna sobrecogió a Arjuna y, a la vez, le animó a buscar refugio sólo en Krishna.

Incluso aunque Dios se revele ante nosotros, no todos lo reconocerán. Como dijo Cristo: "Quien tenga ojos para ver, que vea". ❧

Capítulo 16

La luz de la conciencia

Muchas personas me han confesado que después de estar con Amma, han sentido de pronto la presencia de más tendencias y pensamientos negativos que antes. De modo que disminuye el interés inicial que tenían por hacer práctica espiritual. Sobre este hecho, Amma dice que en realidad las negatividades ya estaban ahí. O bien antes no éramos conscientes de ellas, o bien permanecían latentes en el subconsciente por falta de circunstancias adecuadas en las que revelarse. Amma cuenta la siguiente historia para ilustrar esta cuestión.

Un hombre que viajaba al Himalaya se encontró una serpiente enroscada a un lado del camino. Helada por la nieve, no podía moverse ni un centímetro. Preocupado por el bienestar de la serpiente, el hombre empezó a acariciarla. Parecía tan dulce e inofensiva que decidió llevarla consigo. Por el camino, pensó que la serpiente tendría mucho frío y decidió ponérsela debajo del brazo para mantenerla caliente. Lentamente, a medida que la serpiente absorbía el calor del cuerpo del hombre, fue saliendo de su hibernación y mordió al hombre con sus colmillos venenosos.

Del mismo modo, por falta de la situación adecuada, es posible que nuestra negatividad no se manifieste de inmediato. En presencia de un maestro verdadero como Amma, se presentan espontáneamente las circunstancias adecuadas para que afloren hasta nuestros *vasanas* en hibernación. Sólo cuando esa negatividad es llevada ante la luz de la conciencia puede ser transformada y por último trascendida.

En presencia de Amma, hay muchas circunstancias diversas que pueden hacer emerger sentimientos negativos como la ira, el resentimiento y los celos. Si estamos mirando a Amma cuando da *darshan* y alguien nos tapa la vista, podemos enfadarnos con esa persona. Si Amma presta más atención a otra persona que a nosotros, podemos sentirnos celosos. Alguien puede pedirnos que no nos quedemos de pie o sentados en determinado lugar. Todas esas circunstancias son oportunidades para que se manifieste nuestra negatividad.

Cada año Amma hace una gira de dos meses por el norte de la India. Muchos desean acompañarla en estas giras, y lo que empezó con una o dos furgonetas ha crecido con los años hasta convertirse en una gran caravana de seis o siete autobuses y muchos otros vehículos pequeños. En una de estas giras se estropeó uno de los autobuses y los pasajeros tuvieron que repartirse en el resto de los autobuses. Como era uno de los trayectos más largos del viaje y los autobuses iban abarrotados, la tensión y el estrés adicionales provocó algunas discusiones entre los pasajeros. En una breve parada, Amma subió a uno de los autobuses y dirigió a todo el mundo unas palabras para levantar los ánimos. Dijo que teníamos que recordar que cuando una persona nos molesta o nos critica se trata de Amma que está trabajando en nosotros a través de la forma de esa persona. Más tarde, uno de los pasajeros de ese autobús me dijo que la persona que iba sentada detrás de él siempre repetía el mismo error durante toda la gira. Cada vez que se levantaba para coger algo de su bolsa, en la rejilla portaequipajes, esta se le caía por accidente sobre la cabeza de quien me contaba la historia. Así una y otra vez, dos o tres veces en cualquier trayecto del viaje. Esta persona me contó que había sido capaz de mostrarse amable y afectuoso las primeras veces, pero al final hasta le había gritado al otro pasajero: "¡Ya basta, idiota! ¿Se puede saber qué te pasa?"

Pero después de que Amma subiera al autobús y se dirigiera a todos, aunque el comportamiento del otro pasajero no cambió, esta persona fue capaz de aceptarlo con una sonrisa.

A veces en los programas de *darshan* de la tarde, Amma pide a los monitores que cierren la cola para el *darshan* a las cinco y media porque tiene que empezar el programa de la noche a las siete y media, y entre ambos generalmente tiene programadas varias reuniones importantes.

Los monitores de la cola piden obedientemente a los devotos que no se pongan en la cola, pero con frecuencia se encuentran con alguna resistencia. Todos desean pasar directamente el *darshan*, y todos tienen alguna excusa. Por supuesto, todos tienen sus propios problemas. Así que con grandes dificultades, los monitores, y a veces hasta los *brahmacharis* y los swamis, intentan hacer comprender a la gente que pueden ir al darshan por la tarde, o incluso al día siguiente si no pueden venir por la noche. Pero en muchos casos no escuchan y, en lugar de aceptarlo, esperan en los lados de la sala con caras largas. Al verlos allí de pie, Amma pide de inmediato que abran la cola del *darshan* y dejen pasar a otras quince personas. Luego volvemos a cerrar la cola, para volverla a abrir y cerrar tres o cuatro veces más. A veces los devotos se enfadan con los monitores: "¿Qué estás haciendo? primero nos decís que vayamos al *darshan* y luego no nos dejáis pasar".

En las salas donde se organizan las colas a ambos lados para que la gente salga por el centro, Amma nos pide que evitemos que la gente se siente en el pasillo central para así dejar paso libre. Un día, Amma indicó a los monitores que se aseguraran de que no hubiera nadie en el pasillo central durante el programa de la noche. Cuando estaban preparando la sala por la tarde, los monitores tuvieron buen cuidado de que todo el mundo se sentara por fuera de las cuerdas, a ambos lados del pasillo central.

Al llegar Amma al programa de la noche, al ver el pasillo central totalmente vacío me preguntó: "¿Por qué hay ese hueco? Anuncia que pueden sentarse ahí". Todos estaban esperando esa oportunidad, y el pasillo central se llenó en cuestión de segundos. Al día siguiente, los monitores decidieron que, como Amma había dicho la víspera que todos podían sentarse en el pasillo central, no iban a impedir que la gente lo ocupara. Esta vez, nada más llegar Amma, preguntó: "¿Por qué habéis puesto a la gente en el pasillo central? Os dije ayer que no pusierais a la gente en el centro, ¿por qué la habéis puesto hoy?"

Los monitores le dijeron: "Ayer no pusimos a nadie ahí, pero como llamaste a todo el mundo pensamos que lo querías así".

Amma les contestó: "Haced lo que os dije y no os preocupéis de lo que yo haga después".

Con estas instrucciones y actitudes aparentemente contradictorias, Amma crea situaciones en las que afloren las tendencias y cualidades negativas de los monitores. Al pasar por una serie de situaciones similares, los monitores han podido cultivar la paciencia, una actitud de entrega, amabilidad y otras cualidades mentales positivas. De este modo, Amma los ayuda a crecer espiritualmente. A las personas que reciben las instrucciones contradictorias de los monitores, que han recibido de Amma, también se les ofrecen oportunidades parecidas de desarrollar cualidades positivas.

Hay muchos casos de maestros que utilizan la contradicción como una herramienta para iluminar al discípulo. De hecho, este es uno de los principios fundamentales de la tradición del budismo Zen. Los maestros Zen hablan a sus discípulos en *koans*, o preguntas sin posibilidad de respuesta, como truco para que el discípulo renuncie al intelecto y entre en contacto con la Pura Conciencia que está más allá. Por ejemplo, el maestro Zen Shuzan alargó su corto bastón y le dijo a uno de sus discípulos: "Si tu llamas a esto bastón corto, te opones a su Realidad. Si no lo llamas bastón corto, entonces ignoras los hechos. Ahora, dime, ¿cómo deseas llamarlo?"

Uno de los ejemplos más conocidos de esta clase de enseñanza se encuentra en la historia de Marpa y su discípulo favorito, Milarepa. Tras una infancia turbulenta y una adolescencia virulenta marcadas por el deseo de venganza, Milarepa perdió el interés por el mundo y buscó al famoso Gurú Marpa para recibir instrucciones espirituales. Sin embargo, Marpa no lo aceptó de inmediato como discípulo. Primero, le dijo a Milarepa que construyera una estructura de piedra sobre una elevada cresta rocosa con vistas a la propiedad de Marpa. Milarepa, que sentía un gran afán por llegar al conocimiento de la Verdad, aceptó entusiasmado la oportunidad de servir a su Gurú. Tuvo que arrastrar todas las grandes rocas y piedras a pie desde una cantera cercana, sin que nadie le ayudara a construir la torre. Era un trabajo penoso que le llevó meses de intensa labor. Un día, cuando Milarepa estaba trabajando en la torre, se presentó Marpa a inspeccionar su trabajo. Tras quedarse mirando un rato la torre, Marpa le pidió a Milarepa que derribara lo que llevaba construido y devolviera las piedras y guijarros al lugar donde los había encontrado. Marpa le dijo que había cambiado de planes y ahora quería una nueva estructura en otro lugar. Esto se repitió una y otra vez hasta que por fin hizo construir a Milarepa una gran torre de nueve plantas (que todavía sigue en pie). Mientras realizaba estas tareas arduas y aparentemente inútiles, Milarepa realizó un esfuerzo hercúleo y nunca perdió la fe en que recibiría las enseñanzas que buscaba. Movió piedras que normalmente sólo podría mover la fuerza combinada de tres hombres. Realizó un esfuerzo tan arduo que su espalda se convirtió en una gran llaga de tanto transportar piedras y mortero. Sus brazos y piernas estaban agrietados y contusionados por todas partes. Aún así, continuó trabajando día tras día, esperando ser favorecido al fin con alguna enseñanza espiritual. Movido por la compasión, Marpa le mostró cómo proteger su espalda y le dejó descansar mientras curaba su cuerpo, pero nunca le permitió que abandonara ninguno de los trabajos de construcción que le había encargado completar.

Milarepa perseveró de este modo durante años. Finalmente abandonó toda esperanza de ser aceptado como discípulo y dejó el ashram de Marpa con la intención de no volver. Todos esperaban que Marpa se mostrara indiferente ante su partida, pues nunca había mostrado ningún afecto evidente por Milarepa. Pero cuando Marpa se enteró de la noticia, se echó a llorar y dijo: "¡Por el amor de Dios, traedlo de vuelta! Es mi discípulo más querido".

Cuando Marpa finalmente aceptó a Milarepa como discípulo, le dijo que aunque siempre lo había amado mucho y había visto su gran potencial, como Milarepa había cometido actos tan atroces al principio de su vida anterior, no tenía más alternativa que tratarlo de ese modo. Las instrucciones aparentemente contradictorias y sin sentido de Marpa sólo tenían la finalidad de ayudar a Milarepa a liberarse de la esclavitud de sus acciones pasadas.

Swami Paramatmananda explica una historia similar de sus primeros tiempos con Amma. Un día Amma decidió que había llegado el momento de construir dos cabañas más para añadir a la que ya tenían. Con la llegada de residentes permanentes, se necesitaban más habitaciones.

Swami Paramatmananda (entonces Brahmachari Nealu) era el encargado de supervisar el trabajo. Tras dibujar unos planos, se los enseñó a Amma y recibió su aprobación. Su idea consistía en situar las tres cabañas con los frentes en direcciones opuestas, formando una U. Creyó que de esa manera se ahorraría espacio y la brisa podría entrar por la puerta de cada cabaña. En privado, se sentía orgulloso de su plan y del desarrollo de las obras.

A las pocas horas de empezar el trabajo, Amma pasó por el lugar. Al ver cómo se estaban construyendo las cabañas, exclamó de pronto: "¿Quién les ha dicho que construyan las cabañas de ese modo?" Todos señalaron a Swami Paramatmananda. Él le recordó a Amma que había visto los planos y los había aprobado. "No recuerdo haber visto ningún plano. ¡Derribadlas! Nadie debería construir cabañas que miran cada una a un lado. ¡Sólo piensas en cómo estar cómodo, cómo tener una buena brisa! ¿Es que no te importan las reglas tradicionales? Las reglas no permiten construir cabañas así". Diciendo esto, Amma se alejó de la construcción.

Swami Paramatmananda dio instrucciones a los trabajadores para que derribaran el trabajo que habían estado haciendo desde la mañana.

Al cabo de un rato, Amma regresó. Mirando a los trabajadores que habían empezado a desmantelar las cabañas, dijo: "¿Qué están haciendo? Diles que las construyan como habían planeado en un principio. De otro modo ¿cómo iba a entrar la brisa en las cabañas?"

"Pero Amma, ¿y las reglas tradicionales?", le preguntó Swami Paramatmananda.

"¿Reglas? No hay reglas para construir. Eso es sólo para los edificios normales".

Un observador podría haber pensado que Amma estaba loca. Pero Swami Paramatmananda comprendió que toda aquella situación era el modo que tenía Amma de hacer salir su orgullo y ayudarle a superarlo.

Las circunstancias creadas por Amma son la mejor manera y la más rápida de hacer madurar nuestra mente. De hecho, Amma compara su ashram con Kurukshetra, el campo de batalla en el que, apoyados por sus respectivos ejércitos, los cinco Pandavas guerrearon contra los cien Kauravas en la Guerra del Mahabharata. Aunque los Pandavas estaban del lado del *dharma*, los Kauravas los superaban con mucho en número. El ejército de estos últimos también era mucho mayor que el de los Pandavas. Y sin embargo, como los Pandavas tenían al Señor Krishna de su lado, pudieron triunfar sobre los Kauravas.

Se considera que es una batalla simbólica y que representa la proporción de cualidades positivas y negativas dentro de nosotros. Aunque nuestras cualidades negativas sean más poderosas y mayores en número que nuestras cualidades positivas, con la gracia de un Maestro Verdadero podemos guerrear contra nuestras cualidades negativas. Esta no es una batalla que deba librarse en una ocasión y o bien ganarse o perderse; es una batalla que hay que luchar muchas veces al día. En realidad, en cada momento de nuestra vida.

A veces podemos ser conscientes de nuestras cualidades negativas sin que sintamos la necesidad de superarlas. Todos nos hemos encontrado con alguien que parece contento de estar deprimido, y todos hemos tratado de justificar nuestra ira o enfado con otra persona. A veces, tras perder los nervios con alguien, hasta nos hemos sentido bien por desahogarnos con él.

Una vez, un hombre que iba por una autopista vio un camión en el arcén que parecía estropeado con un hombre que miraba preocupado el motor. Decidió preguntarle si podía echarle una mano.

"No sé mucho de motores –le explicó al camionero en apuros–, pero dime si puedo ayudarte de algún modo".

"¡Sí, sí! –exclamó el camionero–, tengo dos cocodrilos en la parte de atrás. Sienten una gran claustrofobia y no puedo dejarlos así por más tiempo. ¿Te importaría llevar estos cocodrilos al zoológico LO ANTES POSIBLE?"

"Si, desde luego", dijo el hombre. El camionero le ayudó a cargar los cocodrilos en el asiento de atrás y los ataron lo mejor que pudieron. A continuación, el hombre emprendió la marcha hacia el zoo.

Al cabo de dos horas, el camionero todavía seguía en el arcén y vio al hombre que pasaba a gran velocidad en dirección contraria con los cocodrilos aún en el coche. En esta ocasión, uno de ellos iba en el asiento del acompañante. El camionero hizo señales para que parara. "¿Estás loco? ¡Te dije que llevaras estos cocodrilos al zoo!" El hombre explicó con entusiasmo: "Ya fuimos al zoo y nos lo pasamos muy bien. ¡Ahora vamos al cine!"

De un modo parecido mantenemos la compañía de nuestros enemigos interiores como los celos, la ira, el orgullo y la lujuria, sin saber que pueden devorarnos en cualquier momento. Para superar nuestros *vasanas*, necesitamos ser capaces de ver los efectos perjudiciales que tienen en nosotros y en los demás. Aunque estemos a gusto con nuestros *vasanas*, podemos estar seguros de que los demás no lo están.

Un día se presentó un vecino en casa del Mullah Nasruddin y le pidió que le prestara su burro. "Lo siento – le dijo el Mullah –, pero ya lo he alquilado. Nada más decir aquellas palabras se oyó el rebuzno del burro en el establo del Mullah". "Pero Mullah, si acabo de oír a tu burro". "No te da vergüenza – protestó indignado el Mullah – ¡cómo vas a creer más en la palabra de un burro que en mi propia palabra!"

De igual modo, aunque los demás nos señalen nuestros errores, nos aferramos tercamente a nuestro punto de vista y buscamos el modo de justificarlo.

Amma dice que uno puede sentarse en una cueva y meditar muchas horas cada día, pero cuando sale de la cueva puede perder los nervios o sentirse indignado y celoso de alguien. Cuando uno reacciona de ese modo, mucha de la energía espiritual acumulada se disipa innecesariamente. Amma nos pone a menudo el ejemplo del sabio Vishwamitra, que hizo penitencia durante miles de años. Sin embargo, era muy irascible, y cuando salía de meditar perdía los estribos muy fácilmente. Para recuperar la energía perdida, se ponía a meditar de nuevo muchos años más. Finalmente llegó a la realización del Ser, pero le costó mucho más que si hubiera sido capaz, desde el primer momento, de superar su costumbre de perder los estribos.

Por eso Amma pone mucho énfasis en ayudar y trabajar con otras personas, además de meditar y hacer otras prácticas espirituales más personales. Cuando vivimos y trabajamos en compañía de otros, somos capaces de hacer aflorar y superar las tendencias negativas, de las que quizás nunca seríamos conscientes de otro modo.

Existe una divertida historia de dos monjes de distintas tradiciones. Un monje le pregunta al otro: "¿Qué disciplina espiritual estás siguiendo?"

"Oh, sigo una disciplina muy estricta. Me levanto cada día a las dos de la madrugada y rezo y canto hasta la hora del desayuno. En realidad, muchos días ni siquiera desayuno. Ayuno más de cien días al año. Tampoco hablo, salvo ahora que me estás preguntando. La mayoría de los días, observo voto de silencio y estoy en soledad".

"Pues es una disciplina muy estricta", comentó el primer monje.

"¿Por qué dices eso? – preguntó el segundo monje – Seguramente tú estés haciendo algo muy parecido".

"En realidad no", confesó tristemente el primer monje.

"Entonces, ¿qué es lo que haces?", preguntó el segundo monje.

"Vivo en una comunidad con otros cien monjes", afirmó sin más el primer monje.

Al oír aquello, el segundo monje dijo: "Me postro ante ti, hermano. Tu disciplina es mucho más grande que la mía".

Aunque el segundo monje practicaba muchas más austeridades, consideró que la renuncia del primer monje era más grande que la suya, simplemente porque era capaz de vivir y trabajar junto con otros monjes.

En la medicina ayurvédica se considera que el tratamiento sólo representa el 50 por ciento de la curación. A la otra mitad se le denomina *pathyam*. Se refiere a la disciplina que necesitamos llevar respecto a la dieta, el descanso, el aseo, etc. Sólo si seguimos esas disciplinas será efectiva la medicina. De igual manera, la práctica espiritual sólo representa el 50 por ciento de la espiritualidad. El resto radica en la superación de los aspectos negativos de nuestra mente y en cómo respondemos a las diferentes situaciones de la vida.

Amma dice: "Es importante reconocer y aceptar lo que somos, ya seamos ignorantes, analfabetos, eruditos, éticos o egoístas". Para progresar realmente, tenemos que empezar a vernos honestamente y observar nuestras faltas.

El famoso músico de jazz Rafi Zabor dijo en una ocasión: "Dios habla tan suave como puede y tan fuerte como debe". De un modo u otro, la tarea del Gurú es ayudarnos a vencer nuestros defectos. A veces –cuando sea posible– el Gurú lo hará con dulzura. Pero a veces el Gurú tendrá que adoptar medidas aparentemente drásticas para ayudarnos a ver y superar nuestros fallos. Amma nos cuenta la siguiente historia para ilustrar esta cuestión.

Un Gurú y su discípulo volvían al ashram tras visitar una ciudad. Era una larga caminata de muchas horas. Mientras pasaban por un fresco y sombreado bosque, el discípulo, que había estado sufriendo en silencio durante mucho tiempo y no podía resistir más, le preguntó finalmente a su Maestro si podían tenderse a descansar un rato. El Gurú sugirió dulcemente que era mejor seguir adelante, pero el discípulo siguió insistiendo hasta que el Gurú transigió. Pasado un tiempo, cuando el Gurú se levantó de nuevo, el discípulo, que ahora se había rendido por completo al agotamiento, le suplicó gimoteando: "¡No puedo dar ni un solo paso! Maestro, no quiero apartarte del ashram, pero deja que al menos yo descanse en este sombreado bosque hasta mañana". El Gurú se mostró conforme y siguió solo su camino. Al salir del bosque se encontró con una familia de granjeros que estaba cultivando. El Gurú cogió de pronto a una de las niñas de aquella familia y volvió corriendo al bosque, con la niña bajo el brazo. Toda la familia se puso a gritar al darse cuenta que habían raptado a la niña. Enviaron mensajes a todo el pueblo para que los vecinos les ayudaran a rescatarla.

Cuando el Gurú llegó corriendo donde estaba el discípulo, que dormía profundamente, sentó a la niña suavemente en el suelo al lado del discípulo y le pidió que no se moviera de allí. La niña obedeció feliz y el Gurú siguió su camino.

Al poco rato llegaron los vecinos en busca de la niña y la encontraron junto al discípulo dormido. Supusieron que era el secuestrador y no perdieron tiempo en despertarlo. Cuando empezaron a molerlo a golpes, el discípulo salió como pudo y se levantó de un salto, corriendo para escapar de la partida de rescate en dirección a la seguridad del ashram. Y de ese modo el discípulo, que acababa de declarar que no podía dar un paso más, llegó al ashram incluso antes que el Gurú.

Este fue un caso en que el Gurú trató de corregir al discípulo amablemente, pero al ver que no servía de mucho tuvo que recurrir a métodos más rigurosos.

Cuando ingresé en el ashram, continué trabajando en un banco durante varios años, de acuerdo con las instrucciones de Amma. Los demás *brahmacharis* empezaron a recibir clases sobre las Escrituras, pero yo no podía asistir ya que coincidían con mi horario laboral. Cuando regresaba del trabajo, miraba sus apuntes y trataba de aprender todo cuanto podía.

Un día, uno de mis hermanos espirituales me estaba aconsejando sobre cómo comportarse delante del Gurú. Me dijo que debíamos ser cuidadosos incluso con el lenguaje del cuerpo: no alzarse orgullosos, no mirar directamente a los ojos del Gurú, hablar siempre en tono suave, etc. Me explicó que incluso si el Gurú te acusa falsamente de haber cometido un error, nunca se debe protestar ni dar excusas, comprendiendo que este es el medio que emplea el Gurú para resaltar tus tendencias negativas.

Dado que él ya había empezado a estudiar las Escrituras, escuché con gran atención lo que me estaba diciendo. En aquel momento, Amma lo llamó de pronto a su habitación. Me dejó allí y se fue corriendo a ver a Amma. A los pocos minutos, pude oír la voz de Amma y la del *brahmachari* que hacía unos instantes me había estado instruyendo sobre cómo comportarse en presencia del Gurú. Sin embargo, su voz era mucho más fuerte que la de Amma. Cuando corrí a la habitación para saber qué pasaba, comprobé que el *brahmachari* estaba discutiendo con vehemencia algo que Amma le decía. Al verme allí, debió recordar los consejos que me había dado antes, pues avergonzado bajó la voz y suavizó el tono. Inmediatamente se dio cuenta de que Amma había creado aquella situación para ver si podía poner en práctica lo que había estado predicando.

En enero de 2003, el ashram completó una colonia de 108 casas en Rameshwaram, Tamil Nadu, y distribuyó aquellos hogares entre familias sin techo de la zona. Más tarde, dado que Ramshwaram es el pueblo nativo del presidente de la India, Dr. A.P.J. Abdul Kalam, este visitó la colonia. Impresionado por el trabajo realizado, el presidente decidió donar diez meses de su salario presidencial al ashram de Amma. Ese dinero fue destinado a ayudar al ashram en la construcción de una sala de cirugía en Ramshwaram, como anexo del hospital gubernamental. Cuando la construcción estaba a punto de concluir, y antes de que fuera entregado al hospital gubernamental, un *brahmachari* destinado en Rameshwaram informó a Amma de que el presidente tenía previsto visitar muy pronto el lugar. Amma recibió esta noticia mientras estaba dando *darshan* y sugirió a un devoto que estaba cerca que ya que el presidente iba a estar en Rameshwaram, se le podía invitar a inaugurar la nueva sala de cirugía. El devoto se levantó de inmediato y trató de ponerse en contacto con la oficina del presidente.

Afortunadamente, la secretaria del presidente estaba en la oficina cuando llamó el devoto. Como el presidente ya se había encontrado con Amma en varias ocasiones, la secretaria le dijo al devoto que inmediatamente haría llegar la invitación al presidente. Media hora más tarde, la secretaria llamó al devoto y le dijo que el presidente había aceptado gentilmente realizar una breve visita e inaugurar la sala de cirugía cuando fuera a Rameshwaram.

El devoto se mostró entusiasmado pensando que Amma sin duda se alegraría de que lo hubiera arreglado todo tan rápidamente.

Volvió corriendo a la sala de *darshan* para informar a Amma de su logro. Sin embargo, cuando llegó a su lado, observó que Amma ni siquiera lo miraba. Y no es que tuviera prisa por acabar el *darshan;* de hecho, dedicaba mucho tiempo a hablar con cada uno de los devotos que se le acercaban y también reía y se divertía con los otros *brahmacharis* y devotos que había alrededor. Sin embargo, evitaba mirar a ese devoto en particular. Era como si fuera invisible. El devoto no entendía cómo Amma no se mostraba ansiosa de conocer el resultado de su importante encargo. Después de casi una hora de estar en silencio, el devoto no pudo aguantar más y le dijo a Amma: "El presidente ha aceptado inaugurar la sala de cirugía. Y lo he arreglado todo en menos de una hora".

Amma le dijo al devoto: "No creas que has hecho nada especial. Todo se arregló sólo por la gracia de Dios".

Al oír estas palabras el devoto se mostró humilde de inmediato. Se dio cuenta de que, incluso antes de pedirle que realizara aquella tarea, Amma ya sabía cual sería el resultado, y si Amma se lo encargó a él fue para darle la oportunidad de hacer servicio desinteresado... y aprender una valiosa lección.

Amma es la encarnación de la humildad, pero sólo actuará con humildad si esto sirve para incrementar nuestra propia humildad. Pero si la humildad de Amma sólo va a aumentar nuestro ego, entonces tendrá que asumir el papel de maestra y señalarnos directamente nuestros errores.

En los primeros años del ashram, teníamos una fosa séptica muy pequeña que había que vaciar manualmente. Los días en que había alguna celebración, el depósito se llenaba hasta llegar a desbordarse. En esas ocasiones, todos se tapaban la nariz cuando pasaban cerca y comentaban el repugnante olor, pero nadie estaba dispuesto a vaciar la fosa séptica.

Un día, después de uno de esos festivales, cuando todos los devotos se habían ido y sólo quedaban algunos *brahmacharis*, nos disponíamos a ir a los *bhajans*. Normalmente, Amma nunca falta a los *bhajans* vespertinos. Pero ese día concreto, cuando estaban a punto de empezar los *bhajans*, Amma no había hecho acto de presencia. Manteniéndose fiel a la disciplina del ashram, uno de los *brahmacharis* empezó a cantar y todos le seguimos. Pero después de terminar una canción y luego otra, todos nos preguntábamos que estaría pasando. Uno de nosotros se levantó y fue a la habitación de Amma, pero volvió diciendo que no se encontraba allí. Finalmente alguien descubrió a Amma en la zona inundada de la fosa séptica, tratando de levantar la pesada tapa de cemento. Esa persona vino corriendo a decirnos lo que Amma estaba haciendo. Cuando llegamos allí, ya había logrado levantar la tapa y estaba achicando el depósito con un cubo.

Nos sentimos muy mal al ver allí a Amma haciendo el trabajo que todos detestábamos hacer, y sabíamos que lo adecuado era unirnos a ella y ayudarla. Sin embargo, no acabábamos de decidirnos y Amma tampoco nos lo pidió. Al final, un *brahmachari* se situó dentro de la fosa y empezó a ayudar a Amma a limpiarla. Un par de brahmacharis tuvo la brillante idea de quedarse fuera del depósito y llevar los cubos hasta el brazo de mar para no tener que meterse dentro de la fosa. Como ellos ya habían asumido esa tarea, el resto no tuvimos más opción que meternos en la fosa. Mientras llevábamos a cabo la tarea, Amma y todos nosotros quedamos cubiertos de porquería, pero al ver la actitud de dichosa indiferencia de Amma, como si estuviera achicando agua pura, nuestra repugnancia por aquel trabajo fue desapareciendo gradualmente.

Después de aquello, cuando la fosa séptica se llenaba, los *brahmacharis* la limpiaban sin que se lo pidieran siquiera. Y Amma siempre estaba allí junto a nosotros.

Las valiosas enseñanzas obtenidas de esas experiencias las sigo conservando hasta hoy en día. El último día del *Amritavarsham50*, la celebración de cuatro días del cincuenta aniversario de Amma, se me encomendó la responsabilidad de dar la bienvenida y presentar al presidente de la India ante cientos de miles de devotos y admiradores de Amma congregados en el estadio.

Al finalizar aquella jornada, iba en el coche de Amma de vuelta al ashram. Me sentía muy feliz de que toda la celebración hubiera resultado todo un éxito. No me sentía orgulloso exactamente... si había algún sentimiento de orgullo era por Amma y el ashram, más que por mí mismo. Me sentía maravillado por la magnitud de todo el acontecimiento, además de sentirme muy bien por haber tenido el privilegio de presentar al presidente de la India. En el camino de vuelta al ashram, Amma me asignó el siguiente cometido. Me comentó que se habían utilizado más de cincuenta colegios en Cochin para acomodar a los devotos que habían asistido a la celebración, y ahora que esas escuelas tenían que abrirse de nuevo a los escolares, teníamos que asegurarnos de que estuvieran bien limpias. Amma me dijo expresamente que los lavabos y los aseos de las escuelas, que habían utilizado miles de personas durante los cuatro días anteriores, tenían que quedar como los chorros del oro. Y quería que yo supervisara personalmente el trabajo de limpieza. Cuando acabó de decírmelo, paró el coche a mitad de camino del ashram y me pidió que bajara y volviera a Cochin inmediatamente.

Al oír las instrucciones de Amma, estuve seguro de que ella había detectado mi "buen" sentimiento por haber presentado al presidente y quería asegurarse de que no iba a desarrollar ningún sentimiento de orgullo o egoísmo. De ese modo, pasé de presentar al presidente de la India a limpiar docenas de sucias letrinas al día siguiente. Si me hubiera pasado lo mismo hace años, me habría sentido muy mal. Pero ahora era capaz de sentirme inspirado no sólo por el ejemplo de Amma de limpiar la fosa séptica, sino todavía más por otro ejemplo que se había dado recientemente en Amritapuri.

En los días previos a la celebración del *Amritavarsham50*, había una interminable lista de dignatarios que esperaban reunirse en privado con Amma. Una mañana, nada más acabar de encontrarse con numerosos ministros del gobierno y otros dignatarios, bajó de su habitación y empezó a ayudar a algunos devotos a coser sacos de plástico tejidos entre sí para confeccionar cortinas destinadas a los cientos de aseos públicos que el ashram construía en y alrededor del estadio, así como en las escuelas y otros lugares de alojamiento destinados a los devotos que iban a asistir a la celebración. Aunque conocía a Amma desde hacía muchos años, me quedé asombrado al ver aquella escena. Después de encontrarse con tantos dignatarios y ejecutivos importantes, Amma no dudó en hacer la tarea más servil. Si bien ya sé que Amma no se pierde ni el más mínimo detalle y no considera ningún trabajo indigno de ella, nunca deja de sorprenderme con la profundidad de su humildad y su visión tan abierta. Para mí, una cosa era que Amma estuviera dispuesta a limpiar la fosa séptica cuando esto no era más que un humilde ashram con unos cuantos *brahmacharis* viviendo en cabañas, y otra muy distinta que siguiera dispuesta a hacer el mismo tipo de trabajo cuando tantos dignatarios hacían cola para reunirse con ella. Pero para Amma era lo mismo.

La enseñanza más grande de Amma ha sido siempre el ejemplo de sus propias acciones. Uno de los más espectaculares ejemplos que le he visto dar hasta ahora fue en el último día de *Amritavarsham50*. Amma se reunió con sus hijos en el estadio de Cochin a las nueve y media de la mañana del 27 de septiembre. Después de una ceremonia de entrega de premios, algunos discursos y actuaciones culturales, empezó a dar *darshan*. Hasta las ocho de la mañana del día siguiente Amma no abandonó el estrado. Habían pasado casi 24 horas y 19 de ellas dando *darshan* sin descanso alguno. Aunque era el cumpleaños de Amma, fue ella quien dio lo máximo: el supremo regalo de sí misma.

Cuando Amma finalmente se levantó después de aquel *darshan* maratoniano, hubo un hermoso silencio. Ella miró a los miles y miles de hijos que seguían rodeándola en el estadio, y alzó las manos en un último *pranam* (las palmas unidas en señal de reverencia). Muchos esperaban que se desplomara agotada. Pero al contrario, Amma aceptó un par de *kaimanis* (pequeños címbalos de mano) que alguien le entregó y se puso a tocar un ritmo sencillo y alegre –como si marcara el compás para unos bailarines que sólo ella podía ver– mientras descendía del estrado con una sonrisa relajada y dichosa en su rostro. *Amritavarhsam50* había concluido. ❈

Capítulo 17

La gracia fluye hacia los corazones inocentes

Había un devoto anciano y pobre de Tamil Nadu que solía hacer *seva* en los jardines del colegio de primaria (Amrita Vidyalayam) de Amma en Madrás. Aunque era muy pobre, nunca aceptaba dinero por su trabajo. Un día un familiar le dio dos camisas de algodón y dos *dhotis* blancos. Como sus viejas prendas estaban muy gastadas, el devoto decidió aceptar un juego para sí, pero el otro juego lo apartó y, tal como solía hacer con otras ofrendas, lo puso en su sala de *puja*, frente a la foto de Amma, esperando el día en que pudiera ver a Amma y ofrecérselo.

Finalmente, transcurrido casi un año, el devoto tuvo la oportunidad de visitar Amritapuri y llevó consigo el juego de prendas. Mientras se aproximaba a Amma en la fila del *darshan* empezó a ponerse nervioso por ofrecerle aquellas prendas, pues era un juego de ropa para hombre.

Cuando llegó a Amma, se lo entregó lleno de dudas. Amma abrió el paquete y vio la camisa y el *dhoti* nuevos. Todos se quedaron muy sorprendidos cuando Amma, en lugar de bendecir la ropa y pasársela a algún ayudante cercano, inmediatamente se puso la camisa encima del sari y siguió dando *darshan*. La llevó así puesta durante horas. Más tarde, Amma dijo que al ver su inocencia, decidió espontáneamente ponerse la camisa. Los ojos del hombre se llenaron de lágrimas, pues se sentía conmovido por el gesto espontáneo de Amma de aprecio por su regalo. Amma pidió a los que estaban alrededor que le dejaran sitio, y se sentó junto a ella durante un buen rato. Al ver este incidente, me acordé de una historia parecida de la vida del Señor Krishna.

Había un gran devoto del Señor Krishna que era muy pobre y se llamaba Kuchela. En su infancia había sido amigo del Señor. Un día, la esposa de Kuchela sintió que le resultaba insoportable la situación de pobreza por la que atravesaban, y le propuso que fuera a ver al Señor Krishna, que entonces era rey, y le pidiera ayuda. Kuchela se quedó horrorizado ante aquella idea, al considerar que Krishna era el mismo Señor, y no se veía pidiendo algo al Señor que no fuera más devoción. Sin embargo, su esposa siguió insistiendo durante semanas y, al final, para salvar a sus hijos del hambre, Kuchela aceptó ir a ver al Señor, aunque no estaba dispuesto a pedirle nada. Le dijo a su esposa que no se hiciera ilusiones, pues era muy probable que el Señor Krishna no lo reconociera ni lo invitara. A pesar de no tener nada sustancial que ofrecerle al Señor, no quería presentarse ante Él con las manos vacías. La esposa de Kuchela le recordó que el bocado preferido de Krishna de niño era el *avil*, o pasta de arroz. Antes de que Kuchela partiera para ver al Señor Krishna, su esposa le preparó un puñado de pasta de arroz para ofrecérsela al Señor.

Cuando Kuchela se disponía a salir, su esposa le trajo la pasta de arroz. Como no tenía nada para envolverla, la puso en una punta del chal de Kuchela e hizo un nudo. Kuchela caminó durante varios días y, a medida que se acercaba al palacio de Krishna, iba en aumento su ansiedad. Estaba seguro de que no sería admitido en palacio.

Sin embargo, Krishna vio cómo se aproximaba al palacio y corrió hasta la puerta de entrada a recibir a su amigo de la infancia y gran devoto. Krishna lo recibió lleno de alegría y hasta se arrodilló y le lavó los pies a Kuchela, que había hecho un largo viaje para honrar al Señor. Kuchela se sobrecogió ante aquel gesto lleno de humildad, ya que no podía soportar que su bienamado Señor le lavara los pies, pero Krishna insistió.

Después el Señor lo acompañó al interior del palacio. Se sentaron y recordaron los días felices que pasaron juntos en la escuela a los pies de su Gurú. Cuanto más hablaba Krishna y más observaba Kuchela el entorno suntuoso del Señor, más le parecía que no podía ofrecerle su sencilla bola de pasta de arroz. Pero aunque Kuchela trataba de esconder la ofrenda atada en la punta de su andrajoso chal, Krishna alargó la mano y deshizo el nudo y, tomando la pasta de arroz en la mano, empezó a comerla con gran deleite. La inocente devoción de Kuchela había hecho que la sencilla ofrenda de la pasta de arroz resultara deliciosa al Señor.

Kuchela abandonó Dwaraka lleno de alegría, pues había recibido el *darshan* del Señor, además de sus atenciones y afecto; pero cuando estaba cerca de su casa, empezó a sentirse triste al recordar a su familia y a sus hijos hambrientos. Temía lo que le podría decir su esposa al enterarse de que no le había pedido nada a Krishna.

Absorto en aquel pensamiento pasó por delante de su propia casa sin darse cuenta de que se había producido una gran transformación. De la noche a la mañana, su modesta choza se había convertido en una radiante mansión. Al verlo pasar, su esposa lo llamó y le contó cómo se había derramado sobre su familia, de repente, una gran felicidad y prosperidad por la gracia de Krishna.

De acuerdo con la tradición del Sanatana Dharma, más importante que la adoración externa es la inocencia y el amor con que se realiza la adoración. Es indudable que los rituales pueden ayudar a cultivar la devoción y concentración mental. Pero una piedra o una brizna de hierba ofrecidas con el corazón lleno de amor y devoción son más valiosas para el Señor que el más elaborado *yagna* llevado a cabo con un corazón lleno de orgullo y ego.

En la *Bhagavad Gita*, el Señor Krishna dice:

213

patraṁ puṣpaṁ phalaṁ toyaṁ yo me bhaktyā
prayacchati
tad ahaṁ bhakty upahṛtam aśnāmi prayatātmanaḥ

*Lo que se me ofrezca con devoción, ya sea una hoja, una
flor, un fruto o agua, lo acepto como la ofrenda piadosa
de un corazón puro.*

(IX.26)

En una de las recientes giras de Amma por Europa, una
devota de Hawai compró una guirnalda para ofrecérsela a Amma.
Dado que no pudo pasar el *darshan* por la mañana por falta de
tiempo, se le pidió que volviera por la noche. Eso significaba que
tenía que llevar con ella la guirnalda durante varias horas antes de
poder ofrecérsela a Amma. Tal vez por no conocer bien nuestra
cultura y no saber lo inapropiado que era en la tradición india,
se puso la guirnalda alrededor del cuello y la llevó puesta hasta
que llegó el momento del *darshan* de Amma. Yo estaba junto a
Amma cuando vino para el *darshan,* y me di cuenta que llevaba
la guirnalda, que ya empezaba a marchitarse. Cuando ya casi le
tocaba recibir el *darshan*, se quitó la guirnalda y cuando iba a
ponérsela a Amma, traté de cogerla e impedirle que lo hiciera.
Le indiqué que no estaba bien ofrecer algo a Amma después de
haberlo llevado nosotros. Le sugerí que trajera otra fresca con la
que podría engalanar a Amma. Amma me apartó el brazo e insistió en que se permitiera a la mujer ponerle la guirnalda que había
estado llevando. La mujer explicó con lágrimas en los ojos que
sólo se había puesto la guirnalda para cuidarla hasta el momento
de ofrecérsela a Amma. Mientras yo sólo veía que la mujer no
seguía la tradición y se mostraba irrespetuosa hacia Amma por
desconocimiento, Amma en cambio sólo veía el inocente deseo
de la mujer de engalanarla.

Este incidente me recordó la historia de la santa hindú Andal, que era la hija adoptiva de un gran devoto llamado Vishnu Chittar, o "aquel cuya mente está inmersa en Vishnu". La práctica espiritual fundamental de Vishnu Chittar era confeccionar a mano una guirnalda para ofrecérsela a *Vishnu murti* (ídolo de piedra que representa a una deidad) en un templo cercano. Un día, mientras Vishnu Chittar estaba recogiendo hojas de *tulasi* (planta sagrada) en su jardín para hacer la guirnalda de flores, descubrió una niña recién nacida abandonada sobre la tierra. Pensando que alguien la había dejado allí por accidente, buscó por todo el vecindario a sus padres. Como nadie sabía nada de la niña, decidió que era un regalo de su bienamado Señor Vishnu, y la crió con enorme amor y afecto como si fuera su propia hija.

Mientras crecía, Vishnu Chittar entretenía a su hija Andal con historias del Señor Krishna, le relataba sus bromas infantiles y sus *lilas* con las gopis. Pronto Vishnu Chittar descubrió que su hija estaba entregando su corazón al más encantador de todos los Avatares (Encarnaciones Divinas), el pastor de vacas de Brindavan. Mientras Vishnu Chittar veía al Señor como si fuera su amado hijo, Andal lo consideraba su amado. Conforme pasaban los años, ese sentimiento arraigó profundamente en Andal. Incluso de adolescente, no mostró ningún interés por los chicos, sólo por su bienamado Señor Krishna.

Durante todos aquellos años, Vishnu Chittar mantuvo el hábito de hacer una guirnalda para la *Vishnu murti*. Acostumbraba a hacer la guirnalda a primera hora de la mañana y la dejaba en su sala de *puja* mientras iba al río a bañarse, después la ofrecía en el templo. Lo que no sabía era que su hija Andal también tenía otra costumbre, que era esperar hasta que iba a bañarse al río y luego tomar la guirnalda que había hecho y ponérsela. Ella lo hacía con toda inocencia, mirándose en el espejo y preguntándose cómo le quedaría a su Señor.

Un día, tras volver de su baño matinal, Vishnu Chittar cogió la guirnalda de su altar y descubrió un largo pelo negro enredado en ella. Estaba seguro de que no era suyo y tampoco sabía cómo había llegado hasta allí. Sintió que no era adecuado ofrecer aquella guirnalda al *murti*, y aquel día no visitó el templo. Al día siguiente se despertó muy alterado por el incidente del día anterior, y aunque hizo la guirnalda como siempre a primera hora de la mañana y la dejó en su altar, aquí rompió con su costumbre. En lugar de ir al río a bañarse, se escondió cerca de la sala de *puja* esperando descubrir al culpable. Se quedó sorprendido cuando vio a su hija coger la guirnalda y ponérsela alrededor del cuello, admirando su reflejo en el espejo, felizmente ajena al mundo exterior. Enfurecido y horrorizado por el sacrilegio que había cometido su propia hija contra su bienamado Señor, irrumpió en la sala de *puja* y le arrancó la guirnalda a la afligida Andal. Ese día tampoco ofreció la guirnalda a la deidad. Pensó que al día siguiente haría la guirnalda más bella de su vida asegurándose de que su blasfema hija no se acercara a ella. Aquella noche tuvo una visión divina del Señor Vishnu en la que le hacía saber que no deseaba ninguna guirnalda de Vishnu Chittar si no la había llevado antes su querida Andal. Sólo entonces se dio cuenta Vishnu Chittar de la gran devoción de su hija. Aunque lo que ella estaba haciendo no seguía la tradición, su inocente amor y su devoción, centrada sólo en Él, habían hecho que fuera muy querida por el Señor.

Estos relatos devocionales, tanto antiguos como modernos, nos muestran que lo que se necesita para atraer la gracia de Dios es, por encima de todo, un corazón inocente. Podemos memorizar los más complicados rituales y textos, pero sin un amor inocente hacia Dios será difícil hacer algún progreso espiritual.

Uno de los *brahmacharis* de Amma me contó una historia conmovedora. Una mujer muy pobre se acercó llorando a recibir el *darshan* de Amma en Amritapuri. Cuando Amma le preguntó por qué estaba llorando, le dijo: "No puedo encontrar mis sandalias, Amma".

Al escuchar aquella respuesta, el *brahmachari* se sintió ligeramente irritado, pensando: "Pedirle a Amma un par de sandalias es como pedirle a un rey benevolente una zanahoria".

No obstante, Amma se tomó muy en serio aquel lamento y dijo que esa mujer había perdido sus sandalias por la falta de cuidado de los residentes del ashram. Después añadió: "Las personas que viven en el ashram no son conscientes de las dificultades de la vida corriente. Estas personas sufren muchos traumas y angustias en su vida. Tienen que esforzarse mucho sólo para poder comer regularmente y salir adelante. Y con ese dinero que consiguen con su duro esfuerzo tienen que comprar sus sandalias".

Otro *brahmachari* que estaba cerca explicó a Amma que algunos devotos no dejaban su calzado en las estanterías preparadas por el ashram, y preferían dejarlas bajo las escaleras que llevan a la sala de *darshan;* como muchas sandalias son parecidas, era inevitable que algunas desaparecieran.

Pero aquella explicación no convenció a Amma y dio instrucciones al *brahmachari* para que facilitara bolsas de plástico a los devotos, en las que pudieran llevar sus sandalias mientras pasaban el *darshan.*

Algunos *brahmacharis* que estaban cerca no se mostraron de acuerdo y objetaron: "Pero, Amma, no es correcto llevar las sandalias cuando nos acercamos a un Maestro.

Amma preguntó incrédula: "¿Creéis que las sandalias son algo inferior? En la creación de Dios no hay nada que sea inferior. Amma ve esas sandalias como una forma de Dios, pues protegen los pies de los hijos de Amma de las piedras y las espinas del camino. Estáis tratando de ver a Brahman en todas partes y no sois capaces de aceptar un par de sandalias como divinas". Tras aquellas palabras, Amma pidió a un *brahmachari* que le diera a la pobre mujer un par de sandalias nuevas.

Encontramos una historia muy parecida en la vida del Señor Krishna. Al principio de la Guerra Mahabharata, Bhishma, que era el general del ejército de los Kauravas, hacía estragos en el ejército de los Pandavas. Ante aquella embestida, la moral del ejército de los Pandavas se apagaba rápidamente, y finalmente Krishna decidió ir a ver a Bhishma, que también era su devoto, al campamento enemigo de los Kauravas. Draupadi, la esposa de los cinco hermanos Pandavas[2], acompañó a Krishna en esta misión nocturna.

---

[2] A los lectores que no estén familiarizados con la epopeya *Mahabharata* les puede parecer extraño que una noble mujer como Draupadi estuviera casada a la vez con cinco hombres rectos como los Pandavas. Pero esta relación es muy simbólica en varios niveles. Al nivel del relato, los Pandavas se casaron con Draupadi por la devoción y el respeto que sentían por su madre y sus instrucciones. Arjuna obtuvo el derecho a casarse con Draupadi en una competición de tiro con arco. Después de su matrimonio, los cinco hermanos llevaron a Draupadi a casa para presentársela a su madre. En su entusiasmo, ni siquiera esperaron a llegar a la casa para compartir la buena nueva. Conforme se iban acercando a su hogar, gritaron: "¡Querida Madre, mira lo que hemos traído a casa!"

La madre les respondió sin mirar lo que traían, pensando que se referían a algún objeto: "Sea lo que sea, compartidlo entre los cinco como habéis hecho siempre".

Los Pandavas se sorprendieron al oír aquella orden, pero como procedía de su madre consideraron que no tenían más opción que obedecer, y cada uno de ellos se casó con la misma mujer.

Simbólicamente, cada Pandava representa una característica diferente de un ser humano noble. Shadev representa la devoción y la inteligencia; Nakula representa la belleza física; Yudhishthira era la encarnación del dharma; Arjuna simbolizaba la valentía; y Bhima representaba la fuerza física. Visto de ese modo, el matrimonio de Draupadi con los cinco Pandavas viene a mostrar la importancia de desarrollar cada una de estas cualidades en nuestro propio carácter.

Al llegar a la tienda de Bhishma, el Señor le explicó en voz baja a Draupadi que Bhishma estaba durmiendo y que debía entrar y postrarse ante él. Draupadi se quitó las sandalias y entró, de acuerdo con las instrucciones de Krishna.

Cuando entró, Bhishma se despertó, y al ver a una mujer postrada ante él le concedió un don: "Que sigas felizmente casada". Cuando Draupadi se levantó, Bhishma se dio cuenta de que había bendecido a la esposa de sus enemigos, montó en cólera y le dijo: "¿Cómo te atreves a venir aquí? ¿Quién te ha acompañado?" Abriendo de golpe la puerta de la tienda, vio a su bienamado Señor Krishna sosteniendo las sandalias de Draupadi en su mano. Cuando Draupadi entró en la tienda, se había puesto a llover, y Krishna estaba empapado.

Bhishma se quedó estupefacto al ver a Krishna bajo la lluvia, y más aún al verlo con las sandalias en las manos. Exclamó: "¡Mi Amado Señor! ¿Qué es esto?"

El Señor sonrió dulcemente: "Ha empezado a llover de pronto. Como temía que se mojaran las sandalias de Draupadi, las he cubierto con mi chal".

Al darse cuenta de lo que había ocurrido, Draupadi gritó llena de pánico: "¡Mi Señor, mañana el mundo puede censurarte por sostener el calzado de una mujer!"

Krishna respondió tranquilamente: "Que el mundo sepa que el calzado de mis devotos es un bien preciado. Dios reside en cada objeto. Estas sandalias son una imagen del Señor".

Amma dice que el Gurú vive para el discípulo, para el devoto. Teniendo esto presente, es fácil entender cómo nuestra bienamada Amma y el Señor Krishna pueden dar tanta importancia al calzado de sus devotos. Después de todo, si perdemos nuestro calzado, ¿acaso no nos disgustamos? He visto a menudo a personas en los programas de Amma que buscan sus zapatos perdidos como si les fuera la vida en ello. En cambio no damos demasiada importancia si ese mismo objeto pertenece a otra persona.

Pero aunque no seamos capaces de ver a Dios en las sandalias, amemos al menos a los devotos que las llevan, recordando que Dios reside en cada uno de nosotros. ❖

Capítulo 18

El misterio de la gracia

Un hombre muere y se encuentra a las puertas del cielo. San Pedro le dice: "Necesitas cien puntos para entrar. Ahora, dime todas las buenas obras que has hecho, y te daré puntos en función de lo buena que haya sido cada obra. Cuando alcances cien puntos, podrás entrar.

"De acuerdo –dice el hombre– he estado casado con la misma mujer cincuenta años y nunca la he engañado. Nunca he mirado a otra mujer con deseo en mi corazón.

"Estupendo –le contestó San Pedro–. Eso vale dos puntos".

"¿Dos puntos? –dice el hombre, algo desanimado–. Bueno, he ido a la iglesia cada domingo de mi vida y he dirigido el coro de la iglesia. Así mismo he hecho otras tareas voluntariamente, además de dar donativos con frecuencia".

"Muy bien –dice San Pedro– eso ciertamente vale un punto".

"¿Sólo un punto? Bueno, qué te parece esto: trabajé como médico voluntario visitando zonas de guerra y prestando ayuda a los necesitados. Además, adopté y eduqué a tres huérfanos mutilados por la guerra de los países extranjeros que visité".

"Estupendo, eso vale dos puntos más", dice.

"¿Dos puntos? –el hombre se llevó las manos a la cabeza– ¡A este paso, la única forma de que entre en el cielo será por la gracia de Dios!"

"Exactamente", afirmó San Pedro.

Amma dice que para conseguir que nuestros esfuerzos sean útiles en cualquier campo, necesitamos la gracia de Dios. Hasta para cruzar seguros una calle, necesitamos la gracia divina. En cualquier situación o ante cualquier reto, hay muchos factores que escapan a nuestro control. Evidentemente, podemos controlar la cantidad de esfuerzo, la atención y el cuidado con el que realizamos nuestras acciones. Pero es la gracia la que reúne todos los demás factores para que tengamos éxito.

En el verano de 2004, durante un *darshan* matutino en el ashram de Amma en San Ramón, estaba en la sala de *darshan* hablando con un devoto. Llevaba conmigo los textos iniciales que había reunido para mi segundo libro, *El éxito supremo*. Mientras hablaba con el devoto, me fui acercando al estrado. Nada más llegar, Amma me llamó de pronto. Cuando me acerqué, cogió los papeles que llevaba en la mano. En voz alta empezó a gastarme bromas, diciendo a los que estaban alrededor que tenía por costumbre llevar conmigo una bolsa con sobras de la comida o papeles. Después, empezó a mirar los papeles que me había quitado de la mano y me preguntó qué eran. Le dije a Amma lo qué eran. Amma exclamó inmediatamente: "¡Oh, estás escribiendo un segundo libro!"

"Sí, Amma –dije– ¿No te parece bien?"

Amma respondió: "Sí, sí, escríbelo". A continuación cerró los ojos unos segundos y derramó una maravillosa bendición con los papeles en las manos. Si los lectores de *El éxito supremo* encuentran algo interesante o útil en ese libro, se debe únicamente a la gracia de Amma.

Nunca sabemos cómo y cuando nos llegará la bendición divina. Hace muchos años, cuando sólo vivían unas cuantas personas en el ashram, los swamis empezaron a componer *bhajans*, que cantábamos al atardecer con Amma. En aquella época, la mayoría de los swamis más antiguos había compuesto canciones, excepto yo. No me consideraba un gran músico, así que nunca se me ocurrió componer un *bhajan*. Una noche, sin embargo, llegó a mi mente una melodía y una letra, y decidí escribir mi primera canción para Amma. A la una de la madrugada, cuando ya casi había completado el *bhajan* oí que llamaban a la puerta. La abrí y me sorprendió mucho ver a Amma allí delante. Inocentemente, Amma me preguntó: "¿Qué estás haciendo levantado tan tarde?" Le expliqué un poco avergonzado que estaba componiendo un *bhajan* para Amma.

"Oh, precisamente el otro día Amma estuvo pensando que la mayoría de los swamis había compuesto *bhajans* y se preguntaba por qué tú no lo habías hecho todavía". Aquella precisión de Amma puede parecer casual, pero por ella comprendí que Amma había puesto en mi mente la letra y la melodía de la canción, y yo no había sido más que un instrumento en sus manos.

Uno de los organizadores de los programas de Amma en Nuevo México cuenta una hermosa anécdota. La primera vez que Amma visitó Nuevo México, fue a esperarla al aeropuerto y la llevó en coche hasta su casa. Llovía cuando salieron del aeropuerto. Antes de entrar en el coche, Amma se detuvo unos instantes con la palma de la mano vuelta hacia arriba, recogiendo gotas de lluvia. Entonces se volvió hacia este devoto y le dijo: "La gracia siempre está derramándose como la lluvia. Sólo tenemos que abrirnos para recibirla".

Al decir que tenemos que abrirnos, Amma no quiere decir que baste con el simple deseo de recibir la ayuda de Dios para conseguirla. La afirmación de Amma era en realidad muy científica. Amma nos dice que cada uno de nosotros tiene un aura sutil, y en esa aura se graba una impresión sutil de cada uno de nuestros pensamientos, palabras y acciones. En la persona que sólo tenga pensamientos puros, que sólo diga buenas palabras y sólo realice buenas acciones, el aura será dorada y sumamente receptiva a la gracia. Mientras que la persona que tenga una mente llena de pensamientos negativos, que sea muy crítica, vengativa, celosa o lujuriosa, que tenga una lengua afilada o un espíritu mezquino, y cuyas acciones sólo sean en su propio beneficio, tendrá el aura oscura y ensombrecida. Por tanto, la luz de la gracia no podrá atravesarla. Son las impresiones producidas por las acciones de esa persona las que impiden que le llegue el flujo de gracia.

Sólo los seres humanos son capaces de esforzarse para ser más receptivos a la gracia. Por eso se dice que la vida humana es una vida bienaventurada. Todas las demás formas de vida carecen de la capacidad de discernimiento que tienen los seres humanos, pues no poseen un sentido de lo correcto o incorrecto, de la bondad o la maldad. Cuando un perro muerde a un cartero sin ninguna razón, eso no va a hacer que aumente o disminuya la receptividad del perro hacia la gracia, pues carece de discernimiento. Pero si un cartero da una patada a un perro sin razón, la acción tendrá su correspondiente impresión negativa en su aura, ya que está dotado de discernimiento y se supone que tiene un sentido del *dharma*. Eso no significa que tengamos que sentirnos desanimados, pensando en que nuestras acciones anteriores tal vez hayan impedido que la gracia nos llegara. En lugar de eso, alegrémonos de la posibilidad de hacer esfuerzos positivos en este momento, lo que permitirá que cada vez seamos más receptivos al fluir de la gracia hasta que toda nuestra vida sea una bendición.

Un modo de ser más receptivos a la gracia es seguir sinceramente las instrucciones de un maestro verdadero. Una vez Amma pidió a los residentes del ashram que vieran quién podía cantar el mayor número de mantras sin interrupción. No se trataba de una competición, sino de un reto para cada individuo. Nos dio instrucciones para que no recitáramos muy deprisa, como si fuera una carrera, sino que recitáramos a una velocidad constante y razonable, con amor y atención. Algunos residentes recitaron cinco mil mantras, algunos menos y otros más. Pero finalmente, al caer la noche, nos fuimos todos a dormir. Es decir, todos menos uno. Uno de los residentes del ashram siguió despierto veinticuatro horas, recitando su mantra todo el tiempo. Después, Amma le dio dos caramelos como *prasad*. ¿Acaso parece una recompensa insuficiente? Uno puede pensar que no es mucho dos caramelos por 24 horas de tarea, pero lo cierto es que es mucho más que eso. Lo importante no es el caramelo, sino el aprecio de Amma. Todos recitaron bastante tiempo, pero a nadie más se le ocurrió privarse hasta del sueño para seguir las instrucciones de Amma. Pero aquel residente pensó: "Amma ha pedido que recitemos todos los mantras que sea posible, y como es posible pasar la noche en vela, voy a hacerlo". Fue por esta idea, por ese nivel de dedicación, por lo que Amma le mostró su aprecio. Y lo sepamos o no, este aprecio – no un aprecio cualquiera, sino el de un maestro verdadero – es el que todos buscamos. Si el Gurú nos aprecia, eso supone que su gracia fluye hacia nosotros.

Por supuesto, Amma no rechazará ni al peor criminal, pero al realizar buenas acciones nos volvemos más receptivos a su gracia y sus bendiciones. Amma cuenta a menudo la historia de un niño que inconscientemente atrajo la gracia y el afecto de Amma. Un día mientras Amma estaba dando *darshan* en Amritapuri, una persona se puso enferma y vomitó en medio de la fila del darhsan. La persona se excusó y fue al hospital del ashram, pero no estaba en condiciones para limpiar su vómito en el templo. Los que estaban cerca consideraron que tampoco les correspondía limpiarlo, pues no conocían al hombre ni era su vómito. Poco a poco, los testigos originales pasaron el *darshan* y se fueron, pero el vómito siguió en el suelo del templo, en medio de la fila del *darshan*. Todos los que se acercaban a recibir el *darshan* de Amma tenían que evitarlo, y muchos se tapaban la nariz y hasta criticaban al ashram porque nadie se encargaba de su limpieza. Algunos le contaron a Amma lo ocurrido, pero nadie se ofreció voluntario para limpiarlo. Entonces llegó un niño, de unos ocho o nueve años, hasta el lugar donde había que dar un salto para evitarlo y seguir en la fila del *darshan*. En lugar de taparse la nariz y saltar adelante, se volvió y salió corriendo del templo, y a los pocos minutos volvió a aparecer con un paño en una mano y un cubo de agua en la otra. Sin pensárselo dos veces, el niño se arrodilló y empezó a limpiar meticulosamente el vómito de la otra persona. Entró y salió del templo varias veces para enjuagar el paño antes de secar el suelo, y dejó relucientes todas las baldosas en las que momentos antes había estado el vómito. Al final, el niño se fue a lavar las manos antes de volver a ponerse en la fila del *darshan*.

Amma lo había visto todo y cuando el niño llegó a su regazo derramó sobre él todo su amor y afecto. Incluso cuando acabó el *darshan* y se fue a su habitación, nos dijo que el rostro de aquel niño no dejaba de presentarse en su mente, aunque estuviera atendiendo diversas visitas y llamadas telefónicas. Sobre este niño, Amma dijo que si bien su gracia fluye como un río hacia todos por igual, era como si la acción inocente y puramente desinteresada de ese niño hubiera cavado un pequeño agujero en la orilla del río de su gracia, que fluía hacia allá directa y espontáneamente.

Algunos creen que no necesitan un Gurú, ni siquiera a Dios, y que por sus propios esfuerzos conseguirán la Realización Suprema. Pero tanto las Escrituras como los maestros nos dicen que nuestros esfuerzos son limitados, y que sólo la gracia puede permitirnos cruzar el umbral hasta la liberación final. Como ejemplo, Amma dice que podemos ir hasta la última parada de autobús, y una vez allí sólo nos resta una corta distancia hasta nuestro destino. Esa distancia final sólo puede ser cubierta con la gracia del Gurú o de Dios. Amma cuenta la siguiente historia.

Había una *dharmashala* (fonda de peregrinos) en la que se servía comida cada día. Tenían como regla que los peregrinos tocaran una campana que colgaba de un toldo, y al oír el sonido, el posadero abriría la puerta y les serviría la comida. Un día, un pobre niño que vivía de la caridad llegó a esa *dharmashala* y fue a tocar la campana, pero estaba demasiado alta para él. Trató de tocarla con un palo largo, pero seguía fuera de su alcance. Intentó subirse a varios soportes para alcanzar la campana, sin lograrlo. Al final, dio algunos saltos sobre los soportes, pero no lo consiguió. Acabó agotado y se sentó en el suelo totalmente desesperado. Un transeúnte, que había estado observando los esfuerzos del muchacho desde un banco al otro lado de la calle, se apiadó del muchacho. Cruzó la calle y tocó la campana por él. Enseguida se abrieron las puertas y el niño recibió su ración de comida.

Después de hacer prácticas espirituales y todo lo que podamos para purificarnos, simplemente tenemos que esperar pacientemente que la gracia del Maestro descienda sobre nosotros. Pero debemos ser cuidadosos de no abandonar nuestros esfuerzos pensando que ya llegará la gracia. Amma dice: "Está bien si esperas fielmente que Él llegue, pero asegúrate de estar bien atento mientras esperas. Si estás preocupado con otras cosas, ¿cómo va a venir Dios? ¿Cómo va a fluir su gracia? Es una locura afirmar: 'Estoy esperando a Dios, que llegue su gracia. Él es infinitamente compasivo, así que vendrá. Hasta entonces voy a ocuparme de otras cuestiones importantes.' Con esta clase de fe, nunca recibirás la gracia ni tendrás la fuerza suficiente para superar las situaciones difíciles".

Al final, sólo la gracia nos da ese conocimiento de la Verdad. Pero el único modo de conseguir esa clase de gracia es esforzarnos sin cesar por alcanzar la meta, igual que el niño en la *dharmashala* estaba haciendo todo lo que estaba en sus manos por llegar a la campana. Fue el gran esfuerzo del niño lo que atrajo la atención del paseante y lo que conmovió su corazón. De igual forma, cuando nos esforcemos de todo corazón por realizar el Ser atraeremos la gracia del Gurú, que nos llevará hasta la meta suprema. Por nuestra parte, debemos luchar sinceramente. De todo lo demás, se encargará el maestro. ❖

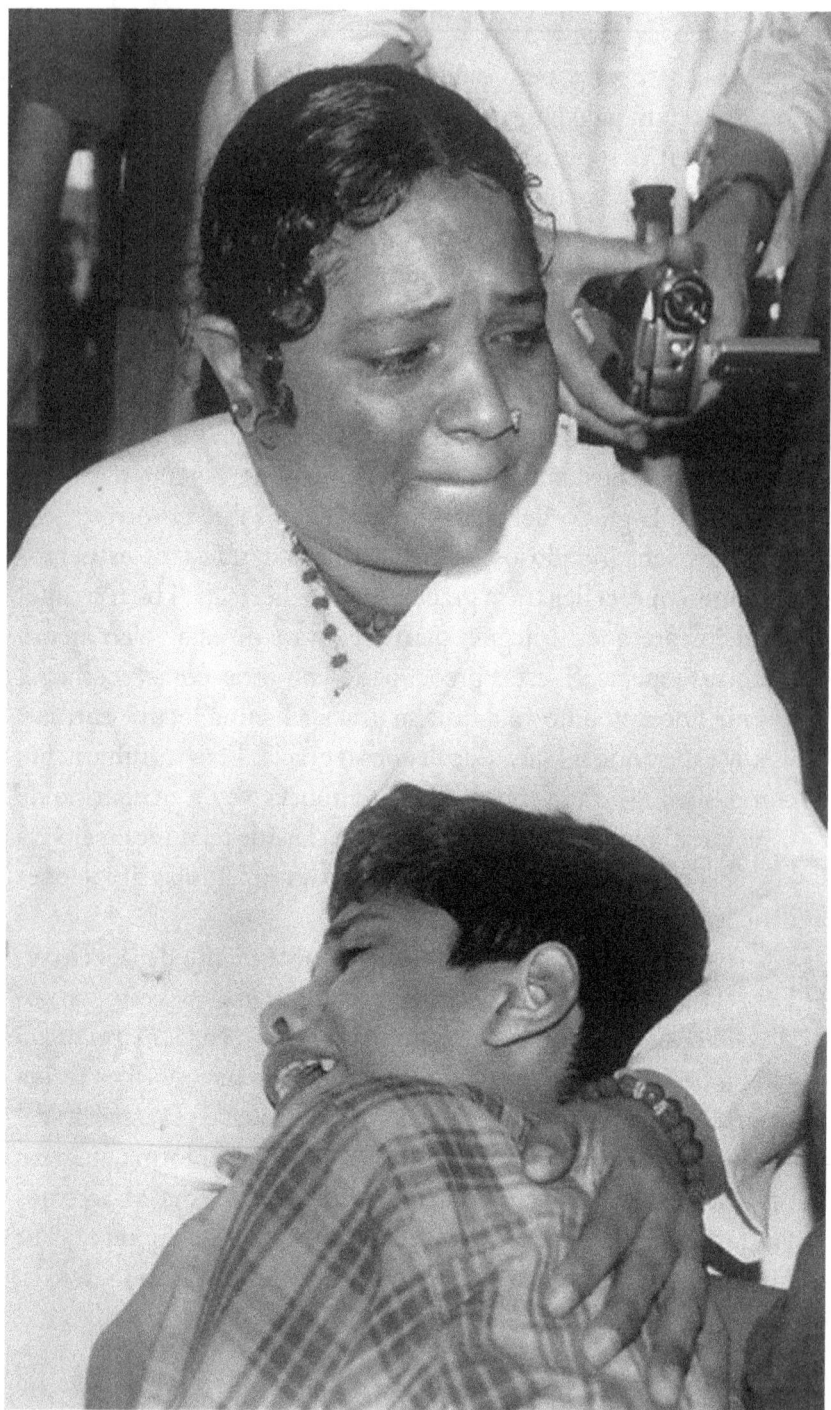

Capítulo 19

Las bendiciones encubiertas

En el capítulo anterior, definimos la gracia como el factor que determina el éxito de nuestro esfuerzo y nos ayuda a conseguir nuestras metas en la vida. Es verdad que la gracia actúa a veces de ese modo, pero no siempre es tan sencillo. A medida que avanzamos por el camino espiritual, observaremos que la gracia es quizás mucho más palpable en el fracaso y las dificultades, que en el éxito. Quizás el dramaturgo griego Esquilo tuviera eso en mente cuando escribió: "Quien aprende debe sufrir. Y hasta en nuestro sueño, el dolor que no puede olvidar cae gota a gota en el corazón, y en nuestra desesperación, en contra de nuestra voluntad, nos llega la sabiduría por la sobrecogedora gracia de Dios".

Desde el año 1985, Amma empezó a enviarme fuera del ashram a impartir *satsang*, reunirme con devotos y pasar tiempo en otras delegaciones del ashram. Desde entonces, el único periodo en el que suelo estar en presencia de Amma de manera prolongada es durante sus giras mundiales. Actualmente, Amma va a Japón y Estados Unidos en verano, vuelve a Amritapuri dos meses y después visita Europa en octubre y noviembre. Pero al principio, la gira europea se iniciaba nada más acabar la gira americana, así que podía estar en presencia de Amma tres meses seguidos. Ese periodo de tiempo era siempre dichoso para mí, y ansiaba que llegara cada año. Pero en 1989 sucedió algo que hizo que esas giras me resultaran muy difíciles. Cuando iba a la habitación de Amma, siempre encontraba alguna razón para decirme que me fuera. O bien me decía que estaba ocupada, o que quería estar sola, o me reprendía porque no había hecho bien alguna cosa, e incluso me culpaba a veces de algo que no había hecho. Conforme pasaba el tiempo, me di cuenta de que no actuaba de igual forma con los otros swamis. Cuando Amma me trataba de aquel modo, me sentía muy triste. Pero cuando me di cuenta de que sólo actuaba así conmigo, me sentí mucho peor. Empecé a cometer errores cuando tocaba las tablas para Amma en los *bhajans* vespertinos, y en general no estaba en mi mejor momento.

Este trato de Amma se mantuvo durante toda la gira mundial de 1989 y también a lo largo de la siguiente. Finalmente, Amma me llamó a su habitación durante la gira de 1990. Fui con muchas dudas, preguntándome qué era lo que me esperaba. Hasta pensé que Amma podría enviarme de regreso a la India, ya que ni siquiera tocaba ya bien las tablas.

Cuando entré en la habitación de Amma se mostró dulce. Con paciencia me explicó que yo estaba pasando por una época muy mala y que estaba destinado a sufrir y pasar penalidades en aquel momento. Que por ese motivo me estaba tratando duramente. También me dijo que hiciera algún voto además de mis prácticas espirituales habituales. Dijo que era una época tan mala para mí que hasta podría abandonar el ashram.

Pensando en el consejo de Amma y, dado que Amma lo era todo para mí y no tenía más Dios que ella, decidí hacer voto de silencio y ayuno los jueves, que es el día que tradicionalmente simboliza el culto al Gurú. También me percaté de que el trato de Amma hacia mí había tenido por objeto agotar mi *prarabdha* sin tener que pasar por una situación todavía peor. De acuerdo con la ley del *karma*, tenía que experimentar alguna clase de sufrimiento emocional y angustia en aquella época. Amma me ayudó a pasar aquellas penalidades sin tener que apartarme de su lado.

Hace poco, un joven *brahmachari* que estaba destinado como *pujari* (sacerdote) en uno de los templos Brahmasthanam de Amma, fue a verla llorando. Cuando Amma le preguntó qué le pasaba, explicó que aunque la mayoría de la gente que vivía en la zona del templo lo trataba muy afectuosamente, había una pareja que se mostraba siempre cruel y ofensiva con él. Le habían dicho que su sola presencia les asqueaba y que si Amma no enviaba a otro *brahmachari*, dejarían de ir al templo. Cuando acabó su relato, le preguntó a Amma quejoso: "¿Tan repugnante es mi presencia, Amma?"

Amma enjugó las lágrimas del muchacho y lo consoló diciéndole: "Si alguien te ofende, no prestes atención a sus palabras". El *brahmachari* se sintió consolado por las palabras de Amma, pero lo que le dijo a continuación le sorprendió realmente: "¡Pronto llegará el día en el que miles de personas se disputarán tu atención!" Con el espíritu renovado, el *brahmachari* volvió al templo Brahmasthanam al día siguiente. Las palabras de Amma lo habían tranquilizado, aunque no sabía cómo podría cumplirse su predicción.

Al cabo de unos meses, el día después del tsunami, Amma llamó a este *brahmachari* y le pidió que cuidara de las necesidades físicas y emocionales de más de setecientos niños que habían perdido sus hogares y, en la mayoría de los casos, a uno o más miembros de su familia. A lo largo de las siguientes semanas y meses, esos niños desarrollaron un profundo afecto y respeto por este *brahmachari*. A donde quiera que fuera, siempre era seguido por al menos una docena de niños, y al ver el éxito que tenía inspirando, entreteniendo y disciplinando a los niños, sus parientes supervivientes empezaron también a clamar por su atención y consejo.

A veces, de acuerdo con nuestro *prarabdha*, no hay forma de evitar una experiencia dolorosa; no nos queda otra opción que soportarla. El escritor Chinua Achebe lo dijo con gran elocuencia: "Cuando el sufrimiento llama a nuestra puerta y decimos que no tenemos asiento para él, nos dice que no nos preocupemos, que él ya ha traído su propia silla". En esos casos, sin embargo, Amma nos bendice con la fuerza para afrontar la situación con valentía y ecuanimidad.

Hace tres años, tuve que someterme a dos operaciones de rodilla. Previamente, Amma me había dicho que estaba pasando por una mala época y que cuidara mi salud. Como Amma no me había especificado el tipo de problema que tenía ante mí, me despreocupé. Puse el problema, cualquiera que fuera, a los pies de Amma. Un día, al cabo de poco tiempo, empecé a sentir un fuerte dolor en una rodilla. Cuando se lo conté a Amma, me dijo que fuera al hospital inmediatamente. Después de reconocerme, los médicos me recomendaron una intervención correctiva. Aunque era una operación leve, me sentía algo inquieto pues nunca había tenido ninguna lesión o enfermedad importante.

Como Amma me dijo que me sometiera a la operación, seguí adelante con los preparativos. En aquel momento me encontraba en Estados Unidos y llamaba a Amma casi todos los días, rezando por que me ayudara de algún modo a evitar la operación. Cuando hablaba con Amma, ella siempre me tranquilizaba: "No te preocupes, hijo mío. Todo irá bien".

Por las palabras de Amma, estaba seguro de que podía evitarse la operación. Sin embargo, cuando llegó el día previsto de la operación, mi rodilla seguía igual. No tuve más elección que operarme. La intervención fue bien, y después llamé a Amma. Me dijo que aunque yo no había podido verla, había estado conmigo durante la operación. Al oír las palabras de Amma me sentí muy reconfortado. Después de la operación dejó de dolerme la rodilla.

Seis meses más tarde, volví a tener problemas en la misma rodilla. Los médicos me informaron de que tenían que volver a operarme. Esta vez, Amma me dijo que tenía que operarme en AIMS, su hospital especializado en Cochin. La primera intervención fue en Estados Unidos y no pude ver a Amma durante varios días. Si ahora me operaban en AIMS, podría volver a verla en un par de días, porque AIMS está a solo tres horas del ashram. Seguí las instrucciones de Amma y me sometí a esa segunda operación. En esta ocasión, como sabía que Amma estaría conmigo en una forma sutil y no tardaría en verla poco después, no sentí ninguna inquietud. Antes de eso no hubiera soportado ni una inyección en el brazo, pero tras esa experiencia no siento ninguna tensión ante cualquier intervención a la que tenga que someterme. En este caso, Amma no me ayudó como esperaba, eliminando el problema. En cambio, me dio la fuerza para afrontar la experiencia con ecuanimidad.

Los maestros verdaderos no suelen violar las leyes del universo ni interfieren en ellas, aunque tienen poder para hacerlo. Las respetan y se atienen a esas leyes porque no tienen un especial deseo en alterarlas por su propio interés y porque, desde su nivel de conciencia, entienden que esas leyes funcionan sólo por el bien del mundo.

Pero hay ejemplos de la respuesta de la Madre Naturaleza al espontáneo *sankalpa* o divina resolución de los Mahatmas como Amma. Un año, durante uno de los programas de Amma en San Ramón, California, se produjo un terrible incendio en la cocina en la que se estaba preparando la comida de los cientos de devotos que habían ido a ver a Amma. Uno de los *brahmacharis* que estaba con Amma en la terraza de su alojamiento me contó más tarde que en cierto momento, Amma se volvió hacia el fuego y se puso a rezar juntando las manos.

Lo que sucedió a continuación fue realmente asombroso. El viento cambió de pronto de dirección y empezó a alejarse de la carpa y otros edificios del ashram. Aunque algunos sufrieron quemaduras en un primer momento, otros muchos se salvaron al no extenderse el fuego.

Amma fue al hospital a ver a todos los devotos heridos y conversó con ellos. Más tarde explicó que cada uno de ellos estaba destinado ese día a padecer un sufrimiento mucho peor e incluso a perder la vida. Al producirse el accidente en el ashram de Amma, se habían librado de un destino mucho peor.

Actualmente, la mayoría de ellos ha vuelto a la cocina durante la gira americana de Amma, con más entusiasmo y dedicación que nunca. Todos me han contado que sintieron con mucha fuerza la presencia y la gracia de Amma en los momentos de mayor dificultad, y que su fe en Amma incluso se ha fortalecido como resultado de esta experiencia. El fuego hirió sus cuerpos, pero no su fe ni su espíritu. En lugar de considerar el accidente de forma negativa o de obsesionarse con su destino, lo han tomado como una oportunidad para fortalecer su dedicación al servicio de Amma. No han permitido que sea un obstáculo en su vida, sino que lo han transformado en un peldaño para su crecimiento espiritual.

Amma ha dicho que el Gurú elimina el noventa por ciento de nuestro *karma*, dejando sólo el diez por ciento restante para que lo soportemos. A pesar de ello, tal vez nos preguntemos: "¿Por qué deja el diez por ciento? Si el Gurú puede tomar el noventa por ciento, por qué no el cien por cien? ¿Tan poderosa o importante es la ley del *karma* que tenemos que sufrir ese diez por ciento?" La respuesta es que ese diez por ciento restante es el que nos hace crecer y desarrollarnos espiritualmente.

Amma describe la actitud que un buscador espiritual debería adoptar respecto a su *karma*: "Un buscador no debe sentirse preocupado por la fortuna o la desgracia que le ocurran. Sabe que su *karma* es como una flecha que ya ha sido disparada desde el arco. Nada la puede detener. La flecha puede rozarle, herirlo y hasta matarlo, pero no debiera importarle. Es como la aguja de un tocadiscos moviéndose sobre los surcos de un disco de vinilo. La canción se escucha mientras la aguja de la vida recorre los surcos. La canción puede ser terrible o muy buena. De todos modos, la ha producido él mismo, es su propia voz. No querrá escapar a su propio *karma* pues sabe que es un proceso de purificación en el que tiene que limpiar las manchas creadas por él en el pasado, en alguna vida anterior. Y, sobre todo, el auténtico buscador siempre tendrá la protección y la gracia del Gurú. Por tanto, hasta en los peores momentos recibirá consuelo y ayuda".

El sufrimiento nos produce un gran impacto sólo cuando ha estado ausente de nuestra vida por mucho tiempo. Pero si le preguntamos a los millones de personas que pasan hambre en el mundo o sufren una guerra, nos dirán que toda su vida está llena de sufrimiento. Basta con preguntárselo a Amma. Ella lo sabe mejor que nadie, pues millones de personas de todo el mundo acuden a ella con innumerables problemas y le piden su gracia y consejo. En lugar de preguntarnos por qué tenemos que sufrir, tratemos de pensar en lo afortunados que hemos sido en otros momentos de nuestra vida y agradezcamos a Dios que hayamos podido disfrutar de prosperidad durante tanto tiempo.

Por su infinita compasión, Amma nos garantiza que nos consolará y ayudará en los momentos más difíciles. ¿Podemos pedir algo más? Recemos para que todos recordemos estas palabras de Amma cuando surja alguna dificultad, para que nos dé una correcta percepción de esas experiencias y, así, nos ayuden a crecer y avanzar en nuestro camino espiritual. ❧

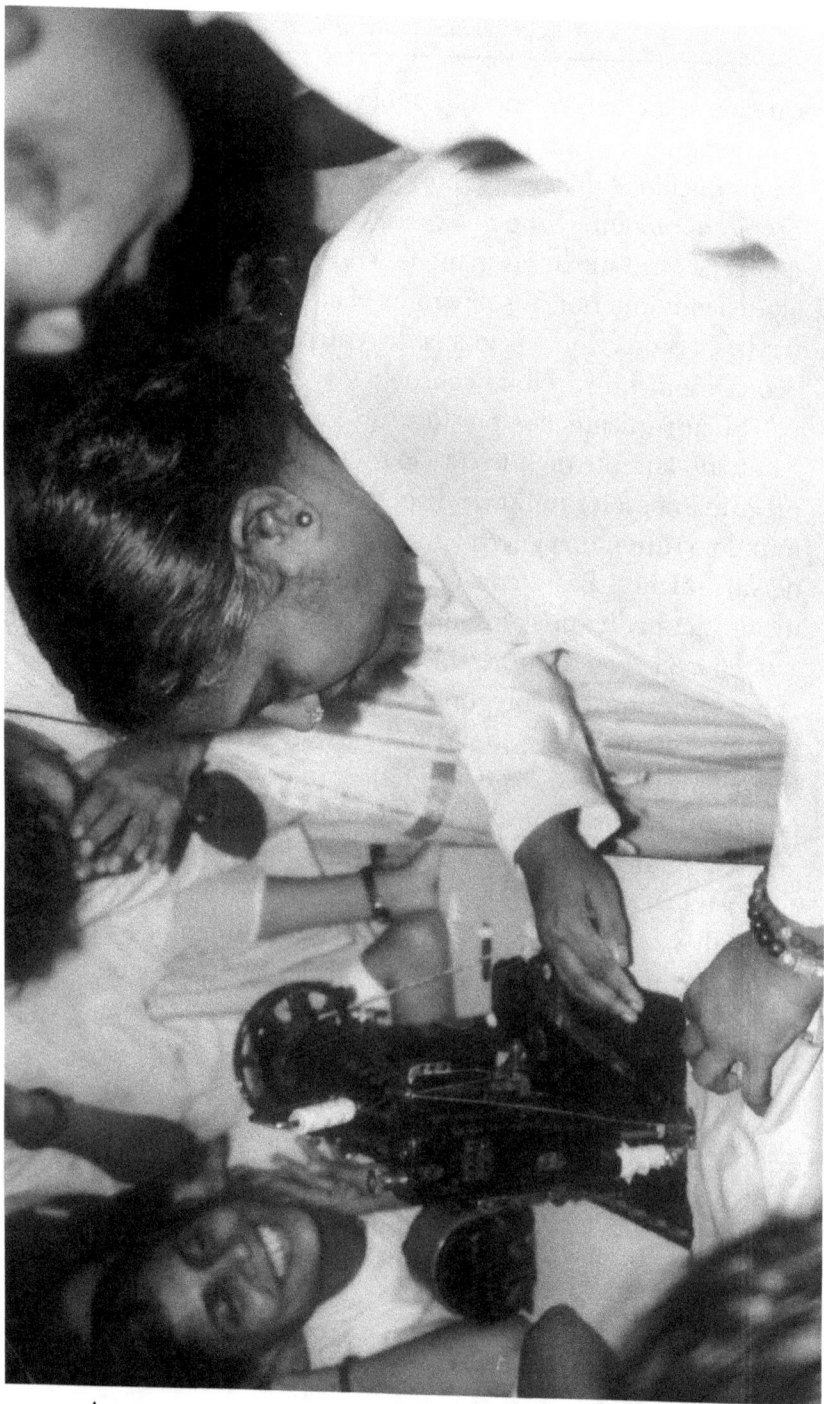

Amma cose unas enaguas para las víctimas del tsunami.

Capítulo 20

La lluvia de gracia

A los dos meses de producirse el tsunami, Amma organizó dos campamentos para los niños afectados por el desastre. Durante esos campamentos, más de diez mil niños se alojaron en el ashram asistiendo a clases de yoga, sánscrito e inglés oral. Antes de llegar al ashram, muchos niños no podían ni siquiera dormir por la noche, pues estaban muy traumatizados por la experiencia del tsunami. Aunque muchos no habían estado antes en el ashram, ni conocían a Amma, parecía como si, una vez allí, se olvidaran de su sufrimiento. De la noche a la mañana volvían a ser alegres y juguetones y hasta bastante traviesos: cambiaban los candados de las puertas de los apartamentos, subían y bajaban del ascensor haciendo que parara en cada planta, y hasta un *brahmachari* occidental, que prestaba servicio en uno de los edificios de apartamentos, se vio en el suelo derribado por una docena más o menos de niños de ocho años que querían probar sus fuerzas.

Mientras tanto, otro devoto occidental les enseñó a hacer aviones de papel. Al día siguiente se necesitó cubrir de inmediato un nuevo puesto de trabajo en el ashram: controlador de tráfico aéreo. Los niños lanzaban cientos de aviones de papel desde la planta quince de uno de los edificios residenciales.

Cada día Amma celebraba una sesión de preguntas y respuestas con los niños. Amma usaba sus inocentes preguntas como una oportunidad para inculcarles valores espirituales. Por ejemplo, una tarde una de las niñas le dijo a Amma que había oído que las imágenes de algunos templos crecen lentamente con el paso del tiempo. "¿Es posible?", preguntó la niña

Amma le respondió: "Dios es maravilloso, todo es posible en la creación de Dios. Puede que las imágenes crezcan; pero, ¿y tú?, ¿has crecido?, ¿has cambiado? ¿De qué sirve mirar el cambio de la imagen? Eres tú la que tienes que cambiar".

Otro niño le preguntó a Amma cuál era su verdadero nombre. Amma le dijo: "Yo también me lo pregunto. No tengo ningún nombre. La gente me llama de muchas maneras".

Otro niño preguntó: "Amma, ¿cómo se llama tu madre?"

La respuesta de Amma reveló una vez más el carácter abierto de su visión: "El nombre de mi madre adoptiva es Damayanti[3], pero para mí la tierra es mi madre, el mar es mi madre, el cielo es mi madre, las plantas son mi madre, la vaca es mi madre, los animales son mi madre. También el edificio en el que estamos es mi madre".

A continuación, una niña pequeña preguntó: "Amma, dicen que tienes poderes divinos, ¿es verdad?"

Amma le preguntó: "¿Qué quieres decir con poderes divinos?"

"Que todo lo que Amma dice se cumple, que la gente que no puede tener niños, los tiene gracias a ti…"

"Pregunta a los devotos", le respondió Amma de entrada, pues no deseaba hablar de sí misma. "Prefiero ser una niña pequeña, una principiante. Todos quieren llegar a ser el rey del pueblo, y entonces todos se pelean. Tú tienes que convertirte en el rey interior". Amma añadió que el potencial para conseguir estas cosas está en cada uno de nosotros, pero depende de nosotros el invocarlo. Los niños dieron vivas, agradeciendo la respuesta de Amma con aplausos.

---

[3] Damayanti es el nombre de la madre biológica de Amma. Al referirse a ella como madre adoptiva, Amma indicaba que en cada nacimiento tenemos una madre diferente y temporal, y que nuestra única madre permanente es Dios.

El último día del campamento, uno de los niños se puso en pie y preguntó: "Amma, ¿qué nos pasará cuando nos vayamos mañana de aquí?"

Amma le preguntó por qué hacía aquella pregunta.

El muchacho respondió: "Amma, los cinco días que hemos pasado aquí han cambiado totalmente nuestra vida. Aunque muchos hemos perdido a nuestra madre, a nuestro padre o a algún hermano en el tsunami, no sentimos el dolor de perderlos gracias al amor y las atenciones que nos has dado. Ahora no queremos irnos del ashram. Queremos quedarnos aquí para siempre".

Otro niño que participó en uno de estos campamentos le contó a Amma durante el *darshan*: "Amma, en el tsunami lo perdimos todo, pero te encontramos a ti. ¿Y sabes qué? Ha merecido la pena".

Después de terminar el campamento, muchos de los niños de la zona volvieron a menudo al ashram, pues se sentían como en su casa. Sus padres y otros vecinos adultos que nunca se habían acercado al ashram, ahora venían a por leche, alimentos, asistencia médica, ropa, consejo y hasta formación profesional. El ashram se había vuelto un oasis de esperanza que de otro modo habría sido un páramo de desesperanza, una tierra que se había vuelto estéril y desolada por uno de los peores desastres naturales de la historia del mundo.

Durante la gira mundial de 2004, Amma dijo que veía negros nubarrones en el horizonte, y pidió que todos rezáramos para que esas nubes se transformaran en una lluvia de gracia. En todo lo que ha tenido lugar desde entonces, podemos observar que si bien esos negros nubarrones han atormentado tantas vidas bajo la forma del tsunami, también han derramado la gracia de Amma sobre muchísimas personas.

Amma dice que cuando todo va bien, cuando nadie sufre profundamente, no somos del todo conscientes de la naturaleza compasiva del Maestro. Pero cuando se produce un desastre, la compasión del Maestro se manifiesta en toda su plenitud. Cuanto mayor sea la catástrofe, mayor es la compasión que fluye del Maestro. En realidad, el grado de compasión es siempre igual, pero no somos capaces de percibirla. De hecho, hasta el tsunami, creo que ninguno de nosotros sabía lo compasiva que era realmente Amma.

Un ministro del gobierno indio que vio el reportaje de las acciones de Amma el día del tsunami comentó que la reacción inmediata de Amma fue cambiarse de ropa y sumergirse en las aguas que inundaban el ashram, mientras les pedía a todos que se pusieran a salvo en los pisos superiores. El ministro dijo que si él hubiera estado en el lugar de Amma, lo primero que habría hecho hubiera sido subirse a las plantas superiores y luego habría pedido a los demás que lo siguieran. Pero Amma hizo lo contrario. De hecho, insistió en ser la última persona en abandonar el ashram aquel día. Hasta que los elefantes y las vacas del ashram fueron evacuados tierra adentro, Amma no aceptó desplazarse a una zona más segura.

Había casi veinte mil personas en el ashram aquel día, y aunque quedó totalmente inundado, nadie sufrió daño alguno. Hasta los pacientes que estaban en las camas del hospital benéfico del ashram fueron evacuados. Dado que Amma había decidido en el último momento ofrecer el *darshan* en el templo, que está una planta y media por encima del nivel del suelo, no había niños jugando en el gran auditorio, que está situado a nivel del suelo y en cuyo espacio abierto se suele celebrar el *darshan* los domingos. Como Amma había cambiado la fecha para la distribución de la pensión a nueve mil mujeres indigentes, se evitó que sufrieran el embate de las aguas al entrar en el espacio abierto del gran auditorio. Cuando pienso en esta serie milagrosa de acontecimientos, no puedo evitar pensar en el Señor Krishna sosteniendo la montaña Govardhana sobre los residentes de su hogar infantil para protegerlos de un diluvio. Fue como si Amma literalmente nos alzara uno a uno, ya fuera persona o animal, por encima de las agitadas aguas y nos sostuviera con su mano. ¿Puede llamarse a esto otra cosa que gracia divina?

Amma se negó a abandonar el ashram hasta que todos lo hicieran, y si lo hizo fue porque algunos discípulos no querían irse dejándola atrás. Finalmente, Amma cruzó el brazo de mar hasta tierra firme, ya pasada la medianoche. Era evidente que ni siquiera había bebido agua en todo el día, pues tenía los labios agrietados. Cuando uno de los *brahmacharis* le pidió que bebiera algo, Amma respondió simplemente: "¿Cómo voy a beber cuando ha muerto tanta gente?

Nosotros siempre estamos dispuestos a descansar y congratularnos de haber hecho una o dos cosas buenas, y nos decimos: "Ya he hecho mi buena obra del día". Pero a Amma, por mucho que haga por los demás, nunca le parece suficiente.

Hace algunos años, durante un corto periodo, Amma llevó una muñequera mientras daba *darshan*. Un día, de pronto se quitó la muñequera y continuó dando *darshan* sin ella. Uno de los *brahmacharis* le preguntó por qué se la había quitado, y Amma le dijo: "Al dar *darshan*, mi mano tiene que tocar sus cuerpos para que perciban una conexión con Amma y sientan su afecto maternal. Una abrazadera de plástico entre la mano de Amma y sus cuerpos impedirá ese sentimiento". Amma siempre está dispuesta a olvidar su propio sufrimiento por el bien de los demás. De hecho, no ha vuelto a ponerse una abrazadera desde entonces.

En *Viveka Chudamani*, Shankaracharya afirma: "Los Mahatmas han cruzado el aterrador océano de nacimientos y muertes. Sin razón o expectativa alguna, ayudan también a los demás a cruzarlo". Su compasión no surge de una decisión lógica o de algo que les beneficie en cierto modo. Lo hacen simplemente por su infinita compasión hacia nosotros. Cuando le han preguntado a

Amma directamente por qué ha dedicado su vida a enjugar las lágrimas de la humanidad sufriente y a elevarla espiritualmente, ella simplemente se encoge de hombros y dice: "Eso es como preguntarle a un río por qué fluye o al sol por qué brilla. Es su propia naturaleza, no puede ser de otro modo".

Amma nunca considera que ha hecho lo suficiente por sus hijos. Incluso antes del tsunami, Amma estaba trabajando más tiempo y más duro que cualquier otra persona en la historia del mundo, dedicada a elevar espiritual y materialmente a tantas personas como le ha sido posible y, en ocasiones, parece que a toda la humanidad.

Aunque la mayoría del mundo se ha olvidado ya del tsunami y de sus víctimas, Amma dice que su mente todavía está repleta del dolor y las necesidades de las víctimas del tsunami. Casi todo el mundo piensa que Amma vuelve a su habitación y se tiende a descansar después de una ardua sesión de *darshan*. Pero la verdad es que la mayor parte del tiempo no descansa en absoluto. Durante la gira del 2005 por Estados Unidos, seis meses después del desastre, uno de los *darshan* de Devi *Bhava* duró desde las seis y media de la tarde hasta después del mediodía del día siguiente. Y al terminar se fue directamente a su habitación, para hablar por teléfono cuatro horas con los residentes del ashram que supervisan las tareas de socorro del tsunami.

En los meses posteriores al desastre, algunos de los *brahmacharis* bromeaban diciendo que para atraer la atención de Amma, uno tenía que empezar su frase con la palabra "Tsunami". Respecto a su dedicación a esta causa, Amma ha comentado que no se sentirá satisfecha hasta que todas las víctimas del tsunami a las que ha dado protección – en Kerala, Tamil Nadu, Pondicherry, las Islas Andaman y Nicobar y Sri Lanka –no dispongan de vivienda y puedan volver a llevar sus vidas con normalidad.

En el momento de escribir esto, en agosto de 2005, el ashram de Amma es la única institución de la India que ha entregado viviendas nuevas a las víctimas del tsunami. Ciertamente el tsunami ha sido una terrible tragedia y ha destruido las vidas y las esperanzas de muchas personas. Pero si Amma no hubiera considerado el dolor de las víctimas como suyo propio, esas personas no tendrían ninguna luz en su vida, ninguna esperanza de volver a llevar una vida normal. Así, uno de los más grandes desastres naturales que ha visto nunca el mundo ha generado la infinita compasión "y la gracia infinita" del mayor Mahatma que el mundo ha conocido nunca.

Hay un hermoso poema que describe cómo la gracia divina puede bendecirnos inesperadamente.

Le he pedido a Dios fuerzas para conseguir lo que deseo,
pero se me hizo débil para que aprenda a obedecerle
humildemente.
Le he pedido salud para hacer más grandes cosas,
pero se me ha dado la enfermedad para que haga cosas
mejores..
Le he pedido riquezas para ser feliz,
pero se me ha dado pobreza para que sea más sabio.
Le he pedido poder para que los hombres me ensalcen,
pero se me ha dado flaqueza para que sienta la necesidad
de Dios.
Le he pedido que me lo dé todo para disfrutar de la vida,
pero se me ha dado la vida para que disfrute de todo.
No conseguí nada de lo que pedí, pero sí todo lo que
esperaba.
Casi a pesar de mí mismo, mis tácitas plegarias
fueron respondidas.
De todos los seres humanos, soy el más bienaventurado.

Siempre recibimos bendiciones en nuestra vida, pero lo importante es saber reconocerlas. Amma dice: "Dios está ahí, el Gurú está ahí, y la gracia siempre está ahí. Tenéis todas las facultades para saberlo y experimentarlo. Tenéis un mapa y se os han dado las indicaciones a través de las palabras del Gurú. El viento de la gracia del Gurú está siempre soplando. El río de su divino ser está siempre fluyendo, y el sol de su conocimiento está siempre brillando. Él ha hecho su parte. Su trabajo se terminó hace mucho, mucho tiempo".

Ahora nos corresponde a nosotros hacer nuestra parte. Estamos siempre bajo una lluvia de la gracia divina. De nosotros depende totalmente el abrirnos a esa gracia y permitir que nuestros corazones florezcan al amor divino, o bien cerrarnos y hundirnos más profundamente en el egoísmo, la ilusión y la desesperanza.

Es la gracia la que nos permite encontrar a un Maestro. Es la gracia la que nos permite reconocer a un Maestro cuando lo vemos. Y es la gracia lo que el Maestro nos da. Por la gracia de Amma, la mayoría de nosotros somos capaces de reconocer al menos un poco de su divinidad y grandeza. Si nos aferramos a esa divinidad y somos receptivos – realizando buenas acciones y desarrollando un puro e inocente corazón infantil – nuestra vida será ciertamente más bienaventurada, más pacífica y más rica. No puede ser de otra manera. Que Amma derrame sus bendiciones sobre todos nosotros. ❀

Glosario

adharma – Falta de rectitud. Desviación de la armonía natural.

Advaita – Literalmente, "no dos". Se refiere al no-dualismo, el principio fundamental del Vedanta, la más elevada filosofía espiritual del Sanatana Dharma.

Amrita Kutiram – Proyecto de viviendas del Mata Amritanandamayi Math para facilitar casas gratuitas a las familias más pobres. Ya se han construido y entregado más de treinta mil viviendas en toda la India.

Amrita Vidyalayam – Escuelas de primaria creadas y administradas por el Mata Amritanandamayi Math. Facilitan una educación basada en valores espirituales. En este momento hay más de cincuenta escuelas Amrita Vidyalayam por toda la India.

Amritapuri – La sede internacional del Mata Amritanandamayi Math, situada en el lugar de nacimiento de Amma, en Kerala, India.

Amritavarsham50 – Actos de celebración del 50 cumpleaños de Amma. Acontecimiento internacional de diálogo y oración que tuvo lugar en Cochin, Kerala, en septiembre de 2003, bajo el lema: "Abrazando al mundo por la paz y la armonía". Durante los cuatro días que duraron las celebraciones acudieron empresarios, pacifistas, educadores, líderes espirituales, ecologistas, los más importantes líderes políticos y artistas de la India y más de doscientas mil personas al día, entre las que se encontraban representantes de cada uno de los 191 países miembros de las Naciones Unidas.

archana – Normalmente se refiere al recitado de los 108 o los 1.000 nombres de una deidad concreta (por ejemplo el Lalita Sahasranama).

Arjuna – Un gran arquero que es uno de los héroes de la epopeya Mahabharata. Krishna se dirige a Arjuna en la Bhagavad Gita.

asana – Alfombrilla para meditar.

asura – Demonio.

Atman – El Ser o la Conciencia.

AUM – (También "Om".) De acuerdo con las Escrituras Védicas, es el sonido primordial del universo y la semilla de la creación. Todos los demás sonidos surgen de Om y se disuelven en Om.

Avatar – Divina Encarnación. Procede de la raíz sánscrita "avatarati" — "descender".

avil – Pasta de arroz.

Bhagavad Gita – "La Canción del Señor". Las enseñanzas que el Señor Krishna transmitió a Arjuna al principio de la Guerra del Mahabharata. Es una guía práctica para afrontar una crisis en nuestra vida personal o social, y es la esencia de la sabiduría védica.

bhajan – Canción devocional.

bhakti – Devoción, servicio y amor al Señor.

bhava – Talante o actitud.

bhiksha – Limosna.

Bhishma – Patriarca de los Pandavas y los Kauravas. Aunque luchó del lado de los Kauravas durante la Guerra del Mahabharata, defendió el *dharma* y se solidarizó con los victoriosos Pandavas.

brahmachari – Un discípulo célibe que practica disciplinas espirituales bajo la guía de un Maestro. Su equivalente femenino es **brahmacharini**.

brahmacharya – Celibato y control de los sentidos en general.

Brahman – La Verdad Suprema más allá de cualquier atributo. También, el omnisciente, omnipotente y omnipresente sustrato del universo.

Brahmasthanam – Templos nacidos de la divina intuición de Amma, abiertos a todo el mundo independientemente de su religión. La imagen central es una piedra de cuatro lados sobre la que están Ganesha, Shiva, Devi y la Serpiente, haciendo hincapié en la unidad inherente que subyace a los múltiples aspectos de la Divinidad. En la actualidad hay diecisiete templos en toda la India y uno en Isla Mauricio.

Brahmin – Clase sacerdotal de la India.

damam – Control de los sentidos.

danam – Caridad.

darshan – Audiencia con una persona santa o visión de la Divinidad.

daya – Compasión.

devas – Seres celestiales.

Devi – Diosa. La Madre Divina.

Devi Bhava – "El talante divino de Devi". El estado en el que Amma revela su unidad e identidad con la Madre Divina.

dharma – En sánscrito, *dharma* significa "aquello que sostiene (la creación)". Más comúnmente, indica la armonía del universo. Otros significados incluyen: rectitud, deber, responsabilidad.

Draupadi – Esposa de los Pandavas.

Duryodhana – El mayor de los 100 hermanos Kauravas. Usurpó el trono al que Yudhishthira, el mayor de los Pandavas, tenía derecho. A causa de su odio por los rectos Pandavas y su negativa a concederles siquiera una brizna de hierba, hizo inevitable la Guerra del Mahabharata.

gopi – Las gopis eran lecheras de Brindavan, el lugar en el que Krishna pasó su infancia. Eran ardientes devotas de Krishna. Ellas ejemplifican el más intenso amor por Dios.

gurukula – Literalmente, "el clan del Gurú". Escuela tradicional en la que los niños viven con un Gurú que les instruye en las

Escrituras y otros conocimientos académicos, al tiempo que les inculca valores espirituales.

homa – Ceremonia del fuego.

japa – Repetición de un mantra.

jiva, o jivatman – Alma individual. Según el Advaita Vedanta, la jivatman no es en realidad un alma individual limitada, sino una y la misma que el Paramatman, o Brahman, el Alma Suprema única que constituye la causa material e inteligente del universo.

jnana – Conocimiento.

kaimanis – Címbalos de mano.

karma – Acciones conscientes. También, la cadena de efectos producida por nuestras acciones.

Kauravas – Los cien hijos del rey Dhritharasthra y la reina Gandhari, de los que el injusto Duryodhana era el mayor. Los Kauravas eran los enemigos de sus primos, los virtuosos Pandavas, con los que lucharon en la Guerra del Mahabharata.

Krishna – La principal encarnación de Vishnu. Nació en una familia real, pero creció con sus padres adoptivos y vivió de pequeño en Brindavan dedicado a pastorear vacas. Allí fue amado y reverenciado por sus devotos compañeros, las gopis y los gopas. Krishna fundó más tarde la ciudad de Dwaraka. Era amigo y consejero de sus primos, los Pandavas, especialmente de Arjuna, a quien prestó servicio como auriga durante la Guerra del Mahabharata, y a quien reveló sus enseñanzas en la Bhagavad Gita.

Krishna Bhava – "El talante divino de Krishna". El estado en el que Amma revela su unidad e identidad con Krishna. Inicialmente, Amma solía ofrecer *Krihsna Bhava darshan* inmediatamente antes del *Devi Bhava darshan*. Durante el *Krishna Bhava* no se identificaba con los problemas de los devotos que acudían a ella para el *darshan*, sino que permanecía como testigo.

Amma decidió dejar de dar *Krishna Bhava darshan* en 1985, pues decidió que la gente del mundo moderno necesita, ante todo, el amor y la compasión de Dios como Madre Divina.

Kurukshetra – El campo de batalla en el que tuvo lugar la Guerra del Mahabharata.

Lalita Sahasranama – Los 1.000 Nombres de la Madre Divina.

lila – Juego divino.

lokah samastah sukhino bhavantu – Mantra de paz que significa: "Que todos los seres de todos los mundos sean felices". Es recitado diariamente por los discípulos y devotos de Amma de todo el mundo para pedir por la paz y la armonía en el mundo entero.

Mahabharata – Junto con el Ramayana es una de las dos grandes epopeyas históricas indias. Es un gran tratado sobre el *dharma*. La narración se centra sobre todo en el conflicto entre los rectos Pandavas y los injustos Kauravas y la gran guerra en Kurukshetra. Contiene cien mil versos y es el poema épico más largo del mundo, escrito unos 3.200 años A.C. por el sabio Veda Vyasa.

Mahatma – Literalmente, "Gran Alma". Aunque actualmente se utiliza este término en sentido más amplio, en este libro Mahatma se refiere al que reside en el Conocimiento de su unidad con el Ser Universal o Atman.

mala – Rosario.

mananam – Reflejo. Segundo nivel de los tres que constituyen el proceso de realización del Ser descrito en el Vedanta.

Mata Amritanandamayi Devi – Nombre monástico oficial de Amma, que significa Madre de la Eterna Felicidad. A menudo va antepuesto por Sri para denotar buena fortuna.

maya – Ilusión. Según el Advaita Vedanta, *maya* es la causa por la que el *jivatman* se identifica erróneamente con el cuerpo, la mente y el intelecto, en lugar de hacerlo con su verdadera identidad, el Paramatman.

Meenakshi Devi – Forma de la Madre Divina que está emplazada en el famoso templo de Madurai.

nidhidhyasanam – Contemplación. Último paso de los tres que constituyen el proceso de realización del Ser descrito en el Vedanta

nirguna – Sin forma.

pada puja – Lavado ceremonial de los pies del Maestro o de sus sandalias, como demostración de amor y respeto. Normalmente se derrama agua pura, yogur, ghee, miel y agua de rosas.

Pandavas – Los cinco hijos del rey Pandu y héroes de la epopeya Mahabharata.

payasam – Pudín dulce, parecido al arroz con leche, que se prepara con arroz o fideos troceados, anacardos y leche.

prarabdha – Los frutos de las acciones de vidas pasadas que se está destinado a experimentar en esta vida.

prasad – Ofrenda bendita o regalo que entrega una persona santa o un templo. Suele ser algún alimento.

puja – Adoración ritual o ceremonial.

Rama – El héroe divino de la epopeya Ramayana. Una encarnación del Señor Vishnu, considerado el ideal del *dharma* y la virtud.

Ravana – Poderoso demonio. Vishnu se encarnó como Señor Rama para matar a Ravana y, de ese modo, restablecer la armonía en el mundo.

Rishis – Videntes o sabios que han realizado el Ser y que percibieron los mantras.

sadhana – Práctica espiritual.

saguna – Con forma.

sakshi bhava – La actitud de permanecer como testigo del cuerpo, la mente y el intelecto.

samadhi – Unidad con Dios. Un estado trascendental en el que se pierde todo sentido de identidad individual.

samsara – El ciclo de nacimientos y muertes.

Sanatana Dharma – "El Camino Eterno de la Vida". Es el nombre original y tradicional del hinduismo.

sankalpa – Resolución divina.

sannyasin – Un monje que ha hecho votos formales de renuncia (sannyasa). Un sannyasin lleva tradicionalmente prendas de color ocre, que representan la consumación de todos los deseos. Su equivalente femenino es **sannyasini**.

Satguru – Literalmente "maestro verdadero". Todos los Satgurus son Mahatmas, pero no todos los Mahatmas son Satgurus. El Satguru es aquel que, sin dejar de experimentar la dicha del Ser, decide descender al nivel de las personas corrientes para ayudarlas a crecer espiritualmente.

satsang – Estar en comunión con la Verdad Suprema. También estar en compañía de Mahatmas, escuchar una charla o debate espiritual, y participar en prácticas espirituales en grupo.

seva – Servicio desinteresado, cuyos resultados se ofrecen a Dios.

Shankaracharya – Mahatma que reestableció, a través de sus obras, la supremacía de la filosofía Advaita de la no dualidad en un momento en el que empezaba a declinar el Sanatana Dharma.

Shiva –Es adorado como el primero y principal dentro del linaje de los Gurús, y como el sustrato informe del universo en relación con Shakti, la creadora. Es el Señor de la destrucción (del ego) en la trinidad formada por Brahma (Señor de la creación), Vishnu (Señor de la preservación) y Shiva. Normalmente se le representa como un monje, con su cuerpo cubierto de ceniza, serpientes en el pelo, llevando sólo un taparrabos y portando un cuenco de limosnas y un tridente.

shruti – "Lo que llegó por el oído". Se refiere a las Escrituras del Sanatana Dharma, que hasta tiempos recientes se transmitían por tradición oral.

Sita – La consorte sagrada de Rama. En la India está considerada el ideal de feminidad.

sravanam – Escuchar. Primer nivel de los tres que constituyen el proceso de realización del Ser descrito en el Vedanta.

Srimad Bhagavatam – Texto devocional en el que se detallan las varias encarnaciones del Señor Vishnu, con especial énfasis en la vida del Señor Krishna. Fue escrito por el sabio Veda Vyasa después de componer el Mahabharata.

Sudhamani – Nombre de Amma que le pusieron sus padres al nacer. Significa "joya de ambrosía".

tapas – Austeridades, penitencias.

Upanishad – La parte de los Vedas que se ocupan de la filosofía del no dualismo.

vairagya – Desapego. Especialmente el desapego a todo lo que es transitorio; por ejemplo, todo el mundo visible.

vasanas – Tendencias latentes o deseos sutiles en el interior de la mente, que se manifiestan como acciones y hábitos.

Vedanta – "El de los Vedas". Se refiere a los Upanishads, en los que se habla de Brahman, la Verdad Suprema, y del camino para realizar esa Verdad.

Vedantin – El que practica la filosofía Vedanta.

Vedas – Las Escrituras más antiguas, que no fueron compuestas por ningún autor humano sino que fueron "reveladas" en profunda meditación a los antiguos Rishis. Los mantras que componen los Vedas están siempre en la Naturaleza en forma de vibraciones sutiles; los Rishis alcanzaron un estado tan profundo de absorción que eran capaces de percibir esos mantras.

vishwarupa – Forma cósmica.

viveka – Discernimiento. Especialmente entre lo permanente y lo transitorio.

Viveka Chudamani – La joya cumbre del Discernimiento. Es un texto introductorio sobre el Vedanta, escrito por Adi Shankaracharya. Se recomienda su estudio antes de estudiar los Upanishads.

yagna – Sacrificio, en el sentido de ofrecer algo durante el culto o de realizar una acción por el bien personal o comunitario.

yoga – "Unir". Unión con el Ser Supremo. En sentido amplio, se refiere a los distintos métodos prácticos para alcanzar la unión con la Divinidad. Un camino que lleva a la Realización del Ser.

yogi – El que practica o es adepto del yoga.

Yudhishthira – El mayor de los Pandavas, heredero legítimo del trono de los Kuru que fue usurpado por el malvado príncipe Duryodhana. A Yudhishthira se le considera la encarnación de los principios del *dharma* en forma humana.